# 인공지능 시대의 지식과 학습

인공지능총서

인공지능 시대입니다. 기계가 인간의 인지를 대신하고, 사물이 인간을 통하지 않고 다른 사물과 직접 커뮤니케이션합니다. 이에 따른 인간 삶과 문명 변화를 정확히 이해 · 예측 · 대응하는 것은 이 시대 우리 모두의 과제입니다. 인공지능총서는 인공지능 기술과 환경의 여러 주제를 10가지 키워드로 정리합니다. 관련 개념과 이론, 학계와 산업계의 쟁점, 우리 일상의 변화를 다룹니다. 인간과 기술의 현재, 미래를 세심히 분석합니다.

일러두기

• 인명, 작품명, 저서명, 개념어 등은 한글과 함께 괄호 안에 해당 국가의 원어를 병기했습니다.
• 외래어 표기는 현행 어문규정의 외래어표기법을 따랐습니다. 다만 '딥러닝', '딥마인드', '딥페이크' 등은 관행을 따랐습니다.

처음이세요?

전문가세요?

# 인공지능 시대의 지식과 학습

설동준

대한민국, 서울, 커뮤니케이션북스, 2024

## 인공지능 시대의 지식과 학습

지은이 설동준
펴낸이 박영률

초판 1쇄 펴낸날 2024년 9월 19일

커뮤니케이션북스(주)
출판 등록 2007년 8월 17일 제313-2007-000166호
02880 서울시 성북구 성북로 5-11
전화(02) 7474 001, 팩스(02) 736 5047
commbooks@commbooks.com
www.commbooks.com



ISBN 979-11-288-9592-0 03500

책값은 뒤표지에 표시되어 있습니다.

# 차례

## 인간과 도구(비인간)의 공진화

미국의 철학자이자 교육학자인 존 듀이(John Dewey)는 『경험으로서 예술』에서 조각가의 조각 행위를 형상과 질료의 결합이 아닌 상호작용 맥락에서 설명한 바 있다. 흔히 조각가는 머릿속에 작품의 형상(form)을 구상하고 형상의 질료인 나무나 대리석 등의 재료에 그 형상을 구현한다고 생각하기 쉽다. 대표적인 형상-질료 구도다. 하지만 듀이는 조각가의 손이 물성을 가진 재료에 닿는 순간, 형상의 구현이라는 인간의 의지와 재료 자체의 저항이라는 물질의 속성 사이의 긴장이 발생하고 그러한 긴장과 균형의 상호작용 속에서 비로소 작품은 구체적인 모습을 드러내는 것이라고 설명했다. 듀이의 이러한 설명은 인공지능 캄브리아기를 살아가는 우리에게 도구이자 행위자로서의 인공지능을 어떻게 이해할 것인지에 대해 많은 시사점을 던진다.

인간의 구현 의도에 순순히 따르지 않는 것은 단단하고 눈에 보이고 만져지는 물질만이 아니다. 덴마크 가구 디자인에 한 획을 그은 폴 키에르홀름(Poul Kjærholm)

은 재료가 가진 고유성의 한계 안에서 최대한 자연스러운 구조의 가구 디자인을 실현하기 위해 초기에는 자르고 붙이는 방식을 최소화하는 비분절적 가공을 추구했다. 그런데 대량 생산 시스템은 수가공에서 가능한 그와 같은 정교하고 유려한 디자인을 수용하기 어려웠다. 뛰어난 감각을 가진 디자이너의 의지를 비틀고 우회하게 한 것은 재료로서의 물질이기도 했지만 시스템과 제도이기도 했다.

실제로는 어떤—물질적, 비물질적—도구도 인간의 의도를 충실하게 구현하는 수동적 상태로만 머물지 않는다. 단순한 도구인 망치도 그것을 사용하는 사용자에게 망치를 효율적으로 사용하기 위한 동작을 강제한다. 그림을 그리는 붓도 적절한 사용을 위한 훈련과 사용 방식을 강제한다. 도구는 처음부터 완전한 수동 상태에 있지 않고, 사용이라는 행위 안에서 인간과 서로 영향을 주고받는다.

상호작용! 이것은 세계를 스스로 창조하지 않고 세계 속에 던져진 존재인 인간이 세상을 살아가는 기본적인 존재 방식이라고 할 수 있으며, 인공지능 시대에도 그러한 상호작용, 환경과 인간의 공진화는 지속될 것이다. 이 책은 인간과 인공지능이 상호작용한다는 관점을 기초로 하고 그 위에 몇 가지 이해의 창이 되어 줄 이론과 사례를 쌓아 올리는 방식으로 쓰였다.

## 확률적 앵무새는 홀로 존재할까

세계 최고의 바둑 기사를 이긴 알파고의 등장도 놀라웠지만, 챗지피티(chatGPT)의 등장은 그와는 차원이 다른 사회적 영향을 만들고 있다. 사람들은 2016년에 알파고의 놀라움을 뉴스를 통해 확인할 수 있었지만 실제로 알파고를 사용해 볼 수 있는 사람은 거의 없었다. 딥러닝(Deep Learning) 알고리즘을 직접 구현해서 이미지 인식 신경망을 만들어 볼 수도 있겠지만 그 역시 관련 전공자 등 소수만이 할 수 있는 일이었다. 그런데 챗지피티는 웹과 앱이라는 접속 가능한 서비스 인터페이스를 통해 우리 앞에 나타났다. 인터넷과 컴퓨터를 사용할 수 있다면 누구라도 '인공지능'이라는 낯선 대상과 만날 수 있게 되었다.

인공지능의 등장은 놀라움과 혁신에 대한 환호만큼이나 불쾌함과 우려도 함께 몰고 왔다. 그런 불편한 마음을 드러내는 표현 중 하나가 '확률적 앵무새'다. 확률적 앵무새는 2021년 논문 "확률적 앵무새의 위험성에 대해(On the Dangers of Stochastic Parrots: Can Language

Models Be Too Big?)"에서 등장한 이후 종종 회자되는 표현이다. 이 표현은 현재의 인공지능 혁신을 이끄는 거대언어모델(LLM, Large Language Model)의 특징을 꽤 정확히 표현하고 있다. 거대언어모델(또는 생성형 인공지능)은 사용자의 프롬프트에 대해 확률적으로 응답을 생성한다. 또 인간이 이미 만들어 놓은 언어의 바다에서 확률적 계산을 한다는 측면에서 말 따라하기를 뜻하는 앵무새이기도 하다. 즉, '확률적 앵무새'란 인공지능이 이미 있는 것을 그럴듯하게 편집해서 내놓을 뿐이라는 비판이다.

그런데 확률적 앵무새는 홀로 존재할까? 하늘 아래 새 것이 없다는 경구가 있지만 인류는 시간의 변화 선상에 항상 새로운 것을 올려놓았다. 존재하지 않는 것을 상상하고, 상상한 것을 구현하는 의지가 인간의 역사에서 항상 나타났던 혁신과 변화의 원천이었다. 인공지능은 결코 홀로 존재하지 않는다. 사용자인 인간과 함께 존재한다. 먼 미래에 자유의지를 가진 인공지능이 만들어진다면 인간 없이 인공지능만의 세상이 가능할지 모르겠지만 현재의 인공지능은 언제나 사용자와 연결된 상태로 존재한다. 그리고 이러한 연결의 한 축인 인간의 상상력, 호기심, 의지 등이 인공지능을 단순한 확률적 앵무새를 넘어서는 영역으로 끌어가는 힘이 되고 있다. 연결된 행위자의 상태가 개별적이고 독립적인 행위자의 상태와는 다른 국면을 만들고 있다.

## 규범 체계의 필요성

인공지능이 인간과 공진화하고 인간에게 그리고 인공지능 자신에게 경험한 적 없는 새로운 가능성을 만드는 놀라운 잠재력을 보유하고 있다지만 그것은 어디까지나 잠재적인 것이다. 인류 역사에서 문자의 발명은 인공지능의 발명보다 더 큰 혁신이었을 것이다. 문자가 바꾼 세계는 역사 속에서 이미 증명되고 확립된 것이기 때문에 잠재성으로서의 인공지능보다는 후하게 평가해도 될 것이다. 하지만 문자가 발명되었다는 것이 그 자체로 하나의 '시대'를 만든 것은 아니다. 문자를 둘러싼 규범 체계, 예를 들어 문법이 개발되어야 했고, 문자를 보급하기 위한 물리적 기술인 활판인쇄술 역시 가미되었을 때 비로소 한 시대의 인지와 소통을 규정하는 '문자시대'라는 호칭을 얻게 되었다.

이런 의미에서 인공지능이라는 새로운 기술의 발명만으로 인간의 인지와 소통이 한순간에 바뀌는 것이 아니라고 예측해 볼 수 있다. 진짜 인공지능 시대는 인간과 인공지능 사이의 적절한 규범 체계가 만들어지고, 기술적 대상과 인간을 연결하는 인터페이스 혁신이 지금보다 광범위해질 때 비로소 나타날 것이다.

## 인공지능 시대, 인간의 지식과 학습을 생각하려면

이 책은 이렇게 상호작용하면서 공진화하는 인간과 비인간, 개별 기술을 넘어선 기술 시스템 혹은 기술 환경의 관점을 통해 인공지능 시대 인간의 지식과 학습이 어떻게 재규정될 수 있는지를 탐색해 본 결과물이다. 이것은 인공지능에 대한 낙관론도 비관론도 아니며, 인간-인공지능의 연결된 존재 방식에 대한 관찰과 해석이라고 볼 수 있다.

해석의 과정에서 특별히 중요하게 생각한 것은 생산성 혹은 노동의 관점을 넘어서는 것이었다. 인공지능은 인간 노동과 비교할 때 사용자 측면에서 비용 효율성이 높아서 많은 부문에서 인간의 일자리를 대체하고 있거나 변형하고 있다. 인공지능에 대한 우려의 핵심이 여기에 있다. 하지만 교육의 맥락에서 보면 결과물에 대한 생산성이 제일의 가치는 아니다. 사람과 비교할 수 없는 속도로 달리는 교통수단이 있어도 인간은 여전히 달린다.

사진기가 발명된 지 이백 년이 되었지만 인간은 여전히 그린다. 기계와 인간의 비교가 아니라도 상황은 같다. 나보다 뛰어난 작가가 있지만 여전히 인간은 쓴다. 심지어 죽을 때까지 노력해도 뛰어넘을 수 없을 것 같더라도. 유희와 성찰, 과정적 경험, 인간 존재의 실현을 위한 실천 등이 교육학적으로는 더 중요한 가치일 수 있다. 그래서 인공지능을 활용해서 '더 좋은' 결과물을 '더 효율적'으로 만들어 내는 것을 목표로 하는 노동의 관점과 다른 교육적 관점에서 인간과 인공지능의 관계를 바라보고자 노력했다.

## 이 책의 구성

이 책의 주요 내용은 알파고 충격 직후 작성했던 필자의 석사 학위 논문을 중심으로 했다. 그리고 챗지피티 등장 이후 교육 현장 및 연구 분야에서 쟁점이 되는 교육 평가 등의 이슈와 사건을 추가하고, 미디어 또는 기술과 관련해 필자가 참여한 학술 논문 내용 중 일부를 인용해서 전체적인 구성을 현행화했다.

우선 1장은 인간 언어의 역사 속에서 언어 관련 미디어의 변화와 그에 따른 지식과 학습의 변화를 간단히 살펴보는 것을 통해 새로운 미디어인 인공지능 시대를 바라보는 개괄적인 관점을 검토하는 데 주안점을 두었다. 이를 위해 미디어 이론가인 월터 옹(Walter Ong)의 논의를 참고했다.

2장은 인공지능 기술 자체의 특성 중 이 책의 논의와 관련해 주목해 볼 부분을 추려서 간단하게 제시하는 것을 목적으로 했다. 특히 인공지능에 대한 공학적 지식이 없어도 이 책에서 다루는 논의와 관련한 인공지능의 특징을 이해할 수 있도록 서술하는 데 중점을 두었다.

3장과 4장은 각각 이 책의 논의 전반에서 기초가 되는 행위자네트워크이론(ANT, Actor-Network Theory)과 체화인지이론(Embodied Cognition Theory)을 소개하고, 각 이론을 인공지능 및 인간지능에 대한 이해를 위해 어떻게 적용할 수 있는지 제시하는 데 주안점을 두었다. 행위자네트워크이론은 대략 2010년 즈음부터 국내 학술장에서 언급되기 시작했고 인공지능 충격과 함께 급부상하고 있는 포스트휴먼 담론과 신유물론 논의에서 핵심적인 이론으로 다뤄지고 있다. 체화인지이론도 국내에서는 2000년대 이후에 활발하게 논의되기 시작했는데, 인간의 뇌신경망(뉴런)을 모사했다고 하는 딥러닝의 등장이라는 배경 속에서 인간지능을 이해하기 위한 물리적 기초를 '몸'에서 찾는 방식으로 사고의 전환을 이끌고 있는 이론이다. 행위자네트워크이론과 체화인지이론은 인간과 인공지능의 관계에 관한 낙관론과 비관론을 비껴가면서 어떤 관계성을 가질 수 있는지, 그 관계성의 내용이 무엇이어야 하는지에 대한 근거를 제시한다는 점에서 인공지능 시대 인간의 지식과 학습을 이해하는 주요한 이론이라 할 수 있다.

5장과 6장은 앞의 인공지능의 기술적 특징과 두 개의 주요 이론을 근거로 인공지능 시대 인간의 지식과 학습이 무엇이 되어야 하는지에 대한 필자의 분석과 해석 내용을 간략하게 제시했다. 인공지능 이전에도 인간의 지식과 학습을 바라보는 관점은 다양했고, 그에 따른 교육의 실재 내용도 다양하게 존재했다. 당연히 인공지능 시대 인간의 지식과 학습에 대해서도 연구자마다 관점이 있을 수 있고, 그만큼 다양한 분석과 해석이 있을 수 있다. 즉, 이 책에서 제시하는 해석이 이론적 근거 위에 제시된 것이기는 하지만 더 많은 관점, 더 구체적이고 실재적인 관점이 있을 수 있음을 독자들이 염두에 두기를 당부한다.

7장과 8장은 인간이 인공지능을 통해 생성한 결과물이 그 자체로 지식이 될 수 있는지에 대한 논쟁을 다룬다. 앞서 문자의 발명이 그 자체로 문자 시대의 확립과

등치되는 것은 아니라는 논지가 여기에서 적용된다. 강연이나 강의에서 흔히 마주하는 질문이 "인공지능이 무엇인가?"다. 이런 질문은 인공지능 혁신 초기에 더 자주 마주한다. 그런데 정작 중요한 질문은 "인공지능이 나에게 무엇이 되기를 바라나?"에 있다. 비록 기술 제약이 없는 것은 아니지만 사용자로서 나와 인공지능의 관계를 어떻게 규정할 것인지를 결정하는 것은 인간이고, 그 결정에 따라 인간-인공지능이 생성한 결과물의 의미도 달라진다. 7장과 8장에서는 이러한 관점에서 인간과 인공지능의 협업이 의미화되기 위한 조건 설정을 실제 연구 사례를 통해 제시했다.

9장은 소위 코딩 열풍 혹은 프롬프트 엔지니어링 열풍에 대한 비판적 평가를 다루고 있다. 새로운 이론을 다루고 있는 것은 아니며 앞서 서술한 내용을 종합해서 볼 때, 매번 인공지능 충격 때마다 유행처럼 번지는 '기술학습' 압박을 어떻게 이해할 것인지, 무엇을 취하고 무엇을 흘려보낼 것인지에 대해 제시했다.

마지막으로 10장은 인공지능의 현재적 변화 안에서 성찰해 봐야 할 상황과 질문을 제시하는 것으로 구성했다. 특히 파운데이션(foundation) 모델로서의 기능을 수행할 수 있는 거대언어모델의 특성과 산업적 요구가 만난 미세조정(fine tuning)을 통한 캐릭터 인공지능 서비스가 확산하는 현상, 초개인화된 인공지능이 출현할 것으로 보이는 상황, 비인간과의 실제적 연결을 촉진할 수 있는 인공지능의 가능성 등을 주요하게 다루었다.

## 낯선 지능과의 공존과 인간의 책임

현재의 인공지능은 아직은 낯선 지능이라고 할 수 있다. 그러한 이유 중에는 '주인 없음의 언어'를 지향하는 인공지능의 특징이 있다. 문학의 예를 들면 인간 작가는 언제나 자기만의 문체, 자기만의 문학 세계를 추구한다. 대작에 대한 필사와 모사에서 시작하더라도 결국에는 스스로의 언어를 찾고자 하는 것이다. '주인 있음의 언어'에 대한 지향이다(고봉준, 2023; 김언, 2023).

인공지능은 반대로 숱한 인간의 언어를 뒤섞고 가장 무난한 것을 추구하는 방식으로 훈련받고 있다. '주인 없음의 언어'에 대한 지향이다. 도무지 주장이나 입장이 없는 사람을 만나면 당혹스러울 수 있다. 크든 작든 주체성을 지각하는 존재인 인간이 텅 비었는데 무언가를 생성하는 능동적인 것 같은 존재를 만나면 당혹스러울 수밖에 없다. 비어 있는데 무엇이 저것을 만드는 것일까 하는 의문이 드는 것이다. 이것이 지금의 인공지능을 낯설게 만드는 이유 중 하나일 것이다.

이 낯섦은 인공지능을 미세조정해서 캐릭터를 부여하더라도 쉽게 사라지지 않을 것이다. 그것은 캐릭터의 문제가 아니라 있음에 대한 지향, 즉 지각할 수 있는 '의지' 유무에 의한 것이기 때문이다. 물론 인공지능을 로봇 몸과 연결하고 실세계 속에서 적절한 목적함수를 부여하면 인간과 같지는 않겠지만 '모종의 의지'와 같은 것을 구현하는 것이 불가능은 아니다. 하지만 원리적으로 낯섦이 완전히 사라지고 <블레이드 러너>처럼 인간과 사이보그의 구분이 거의 불가능하게 되는 것은 지금 시점에서 중요한 고민은 아닐 것이다. 과도기를 살아가는 우리에게 오히려 중요한 것은 주인 없음을 지향하지만 놀랍도록 똑똑하기도 한 이 텅 빈 대상과 적절한 관계를 설정하고, 그 관계 설정에 대한 책임 주체로 서는 것을 훈련하는 것이 아닐까 한다. 특히 노동 관점, 생산성 관점이 아닌 교육적 관점에서는 이러한 관계, 선택, 책임으로서의 인간의 역할이 더 중요해진다. 다른 많은 연구자의 논의와 함께 이 책에서 제시하는 논지와 해석이 인공지능 시대를 살아가는 인간의 역할과 책임에 관해 상기하는 계기가 되기를 기대한다.

## 참고문헌


고봉준(2023). “인공지능(AI)은 시를 쓸 수 있는가 – 인공지능 시대에 시-쓰기에 대한 몇 가지 물음”. ≪비평문학≫, 89권, 7-26.

김언(2023). “주인 있음의 언어예술과 주인 없음의 언어기계”. ≪포지션≫ 2023년 봄호.

Dewey, J.(2005). *Art as Experience*. Penguin. 박철홍 옮김(2016). 『경험으로서 예술1, 2』. 나남.

01

# 언어의 형태와 지식-학습의 개념사

인공지능 시대의 지식과 학습의 개념을 이해하기 위해서는 인공지능이라는 미디어의 특징에 관해 이해할 필요가 있다. 당대의 지배적인 미디어와 언어의 특징은 역사 속에서 계속 변해 왔고 지식과 학습도 그에 따라 변해 왔다. 구술 시대, 문자 시대, 전자 시대에 이은 인공지능 시대의 지식과 학습은 미디어로서의 인공지능의 특징과 지금 시대 언어의 개념과 연결된다.

AI와 1인 창업?

## 구술성과 문자성

교육과 학습은 '지식'을 중심으로 일어나는 활동이다. 그런데 지식은 시대를 불문하고 같은 형태나 내용이 아니라 시대 맥락에 따라 변했다는 점에 주목할 필요가 있다. 인공지능 시대에 무엇을 어떻게 학습할 것인가라는 질문에 답하기 위해서는 인공지능 시대에 '지식'은 무엇인가라는 질문에 답할 수 있어야 한다. 이는 다시 인공지능 '이전의' 시대에서 지식은 무엇이었고, 어떻게 변해 왔는가라는 질문과 이어진다.

여기에서는 미디어(media)의 속성을 통시적 방법으로 연구한 월터 옹의 논의를 주요 분석틀로 사용했다. 옹은 미디어와 메시지의 변화를 역사적으로 추적한 후 그 속성을 구술성(Orality)과 문자성(Literacy)으로 구분하고 그에 따른 사회적, 문화적 변화를 분석해 제시한 바 있다(Ong, 1982). 본 장에서는 옹의 논의를 참고해 구술 시대, 문자 시대, 전자 시대, 그리고 인공지능 시대, 이렇게 네 가지로 시대를 구분하고 시대별 미디어의 속성, 그에 따른 지식과 학습의 개념 변화를 살펴본다(이은택 외, 2018).

## 구술 시대의 지식과 학습

구술 시대는 인간이 의사소통을 위해 음성을 사용하면서부터 시작되었다. 구술 시대에는 지식 전달을 위해 가르치는 이의 신체를 매개로 하는 발화(utterance)가 필요했다. 인간의 몸이 그 자체로 미디어였다. 그래서 이 시대의 지식은 구두-청각적인 것이었다(Ong, 1982). 구두-청각적 속성의 지식은 구체적 시공간에 속해 있는 화자(교육자)의 신체를 매개로 전달되기 때문에 말하는 사람의 표정, 어조, 말하는 시간과 장소, 분위기 등 비언어적 요소를 포함하는 형태로 전해진다. 이는 표면적으로 드러나는－말해지는 것으로서의－명시적 지식(명시지, explicit knowledge)과 함께 풍부한 암묵적 지식(암묵지, tacit knowledge)도 함께 전달되는 방식이다.

음성적 말의 형태를 가지는 지식은 말하는 사람(지식의 소유자)과 분리된 채로 존재하지 않는데, 같은 말이라도 누가, 어떤 상황에서 '말하느냐'에 따라 달라진다는 것을 생각해 보면 된다. 예를 들어 제의(祭儀)에서 제사장의 말, 광장에서의 연설, 방 안에서의 속삭임 등을 떠올려 보면 말은 언제나 말하는 사람 및 상황과 결합한 상태로 그 진의를 드러낸다는 것을 알 수 있다. 즉, 지식은 사람의 신체와 분리된 상태로 의미화되는 것이 아니었다.

구술 시대 지식의 또 다른 특징은 생활세계적이고 순환적이며 이야기적이라는 것이다(윤태진 외, 2004). 이는 구술 시대의 지식이 부족 문화의 학습과 전수라는 생활 맥락에 있다는 점과 기억에 의존해서 지식이 전수된다는 특성에 따라 장황하고 논리적이고 형이상학적인 형태보다는 기억하기 쉬운 형태일 필요가 있었다는 점 등에서 기인한다.

구술 시대에는 이러한 지식의 특성에 맞춰 학습은 들은 것을 기억하고 자기화(체화)하는 활동이었고, 기억을 돕기 위해 리듬 있는 형태로 암송하는 것이 학습의 주요 방법이었다(Ong, 1982). 그리고 지금 같은 실시간 원거리 통신 기술이 없던 시기의 특성상 말하고 듣기가 성립하기 위해서는 같은 시공간에 존재해야 한다는 조건이 필요한데, 이로 인해 구술 시대의 지식 전달은 교수자와 학습자가 함께 존재하고 있는 '현장성'을 반영하게 된다.

## 문자 시대의 지식과 학습

문자의 발명과 함께 문자 시대는 서서히 시작되었다. 구술 시대와 비교해 상징 기호인 문자를 핵심 미디어로 하는 문자 시대의 가장 뚜렷한 차이는 발화자(지식 소유 주체)와 발화된 내용(지식)이 분리 가능해졌다는 것이다

(전숙경, 2017; Ong, 1982). 지식이 특정한 신체에 묶여 있는 상태를 벗어날 수 있게 된 것은 지식의 보존과 확산에 혁신적인 개선의 계기가 되었다(이동후, 2013). 말하는 이가 없는 상황에서도 기록된 문자라는 미디어를 통해 지식을 보존하고 전달할 수 있게 된 것이다.

그렇지만 '문자'가 발명되었다는 것만으로 문자 시대가 본격화되었다고 볼 수는 없다. 문자는 그것의 기록과 해석을 위한 공유된 규칙인 문법의 확립과 기록된 문자를 대량으로 보급하기 위한 활판인쇄술의 발명이라는 요소가 더해지면서 비로소 확고한 지위를 가지게 된다. 예를 들어 띄어쓰기와 구두점에 대한 규칙이 확립되기 전이던 고대와 중세에는 스크립투라 콘티누아(scriptura continua)라는 형식의 문서가 쓰였다.

스크립투라 콘티누아는 구두점과 띄어쓰기 없이 이어 쓴 문서로, 문자로 쓰여 있기는 하지만 아무나 읽을 수는 없었다(이동후, 2013). 스크립투라 콘티누아는 말과 문자, 읽기와 노래하기의 중간 형태를 보여 주는데(장클로드슈미트, 2013), 이런 특성 때문에 작성된 내용을 이미 알고 있는 사람의 기억을 보조하는 자료로 쓰였다(Carr, 2010). 이런 측면에서 문자의 기록과 해석에 관한 공유된 규칙인 문법의 확립은 암송(혹은 낭독)에서 묵독으로의 전환을 가능하게 했고, 눈을 통한 조용하고 '개인적인' 읽기를 가능하게 한 변곡점이었다. 읽기만으로 독립적인 학습 활동이 가능해진 것이다.

여기에 더해 활판인쇄술이 발명되면서 문자 기록물의 보급량은 비약적으로 증가했다. 활판인쇄술 도입 후 50년간 제작되고 보급된 책의 양이 그 이전 시대 1000년 동안과 맞먹는다는 점에서 활판인쇄술은 실질적 의미에서 문자 '시대'를 확립하는 사건이었다(전숙경, 2017).

이상에서 살펴본 세 가지 상황이 복합적으로 영향을 주고받으면서 문자 시대의 지식과 학습은 구술 시대와 다른 개념이 된다. 지식은 '기록된(인쇄된) 것'이 되고, 학습은 '보는 행위(읽는 행위)'가 된다. 감각 측면에서 보자면 구술 시대가 구두-청각적 감각을 통해 지식의 전달과 학습이 이뤄졌다면 문자 시대에서는 시각적 감각을 통해 지식의 전달과 학습이 이뤄지게 된다.

또, 앞에서 살펴본 것처럼 문자 시대에는 발화자와 발화된 내용의 분리가 가능해지면서 지식의 전달과 학습에서 현장성과 시공간의 동시성이 해체되기 시작했다. 이로 인해 구술 시대 지식의 중요한 특성이었던 암묵지의 위상이 위축되고 대신 문자-인쇄술에 적합한 명시지가 지식을 대표하는 것으로 격상되었다. 이를 다르게 표현하면 구술 시대에는 지식이 '아는 사이(관계)'의 개념에 가까웠던 반면, 문자 시대에는 지식이 '아는 것'의 개념으로 변한 것이라고 볼 수 있다(유영만, 2005; 2006). 지식의 대량 보급과 늘어난 지식의 분류, 지식의 체계적이고 효과적인 전달을 위한 과학적인 교수법의 등장, 학교 제도의 확립, 교과서 제작 등이 문자 시대의 지식과 학습의 대표적인 풍경이다(선숙경, 2017).

## 20세기의 지식과 학습

다음으로 20세기 미디어의 특징과 지식, 학습의 개념을 간략하게 살펴보자. 20세기는 라디오와 TV의 시대였다. 라디오는 음성-청각을 통해 인간의 말과 소리를 전달한다는 점에서 구술 시대를 재현하는 매체였다. 이것은 문자 시대에 약해진 현장의 감각을 부분적으로 부활시킨 것이다. 시각 매체의 대표 주자인 TV도 공간 감각을 연결한다는 측면에서 라디오와 마찬가지로 현장성을 부활시키는 특성이 있다. 즉, 라디오와 TV는 구술성의 부분적 복원을 상징한다.

구술 미디어 성격을 가지는 라디오와 TV는 지식의 전달과 학습에 보조적인 기능은 담당했지만 문자 시대에 확립된 근대적 지식관과 학습관을 대체하지는 못했다.

이는 20세기의 라디오와 TV가 일방향 매스미디어였기 때문에 구술성의 특징인 쌍방향성까지 살려 내지는 못했다는 한계와 함께 기록된 문자와 달리 학습자의 시간 패턴에 맞추지 못하고 정해진 시간 내에서만 소비되는 콘텐츠였다는 한계에서 기인한다.

그러다가 20세기 후반 개인용 컴퓨터의 발명, 웹의 발명과 보편화, 웹과 휴대성이 합쳐진 모바일 기기의 등장과 일상화를 통해 문자 시대의 지식관과 학습관이 크게 도전받고 있다. 인공지능 시대의 지식과 학습은 무엇이어야 하는지에 대한 논의가 이제 막 시작되고 있는 시점이지만, 실상 20세기 후반에 시작된 디지털 미디어 시대의 지식과 학습은 무엇이어야 하는가에 대한 논의조차 정리되지 못한 상태에서 급격한 과도기를 거치고 있다고 볼 수 있다.

지식의 특성을 중심으로 이상의 논의를 정리해 보면 구술 시대의 지식은 현장성과 지식 전달자의 개인성이 반영되는 '암묵성'을 특징으로 한다고 할 수 있다. 반면에 문자 시대에는 '객관성'과 '논리성'이 지식의 특징이 된다. 이는 발화자와 분리된 기록된 문자로서의 지식을 관조하고 비평하는 객관적 태도를 취할 수 있었다는 점과 기억할 수 있는 분량과 형식에 구애받지 않아도 되기 때문에 추상적이고 논리적인 연쇄를 발달시킬 수 있었다는 점이 주요한 배경이다.

한편 20세기 후반에 시작된 전자 시대의 지식은 다중적이고 분산적이며 주체성(개성)을 요구한다는 특징이 있다. 특히 웹의 보편화 이후 지식은 유비쿼터스적으로 접속 가능한 대상이 되었고, 이제 무엇을 알고 있는가보다는 무엇을 연결하고 새로운 의미를 창출할 수 있는가가 중요해지고 있다(유영만, 2005; 2006). 최근 십수년간 강조되는 창조적 학습자에 대한 요구는 이러한 지식관을 배경으로 한다. 여전히 문자 시대의 지식관과 학습관이 교육 현장에서는 지배적이지만, 점차 미디어의 개방적 속성이 강화되면서 수동적 습득이나 수용이 아닌 지식의 공유와 능동적인 구성이 중요해지고 있다(전숙경, 2017).

## 인공지능 시대의 지식과 학습

그렇다면 인공지능 캄브리아기라고도 불리는 지금 시대의 미디어의 특징과 지식, 학습의 의미는 무엇일까? 아직 인공지능은 기술이 나날이 발전하고 있고 관련된 사회적 규범과 시스템도 구축되지 못한 초기 상태라는 점에서 확정적인 예측은 어렵다. 다만 주요한 특징을 중심으로 몇 가지 예상 가능한 지식과 학습의 변화를 추론해 볼 수는 있다.

우선 인공지능 시대의 미디어 특성은 20세기의 부분적 구술성의 복원을 넘어 전면적인 구술성의 복원이 될 가능성이 있다. 이는 거대언어모델(LLM)을 위시한 자연어 처리 기술(NLP, Natural Language Processing)의 발전과 문자, 음성, 이미지, 비디오 등 정보의 형태와 무관하게 미디어 소통이 가능해지는 멀티모달리티(Multi-modality)의 구현을 통해 나타나고 있다. 특히 인공지능 시대의 구술성은 구술 시대의 구술성처럼 특정 시공간에 묶인 구술성이 아닌 편재(omnipresence)하는 구술성이 될 것이라고 예상할 수 있다. 동시에 인공지능과 웹의 결합으로 웹 자체가 '인지화된' 네트워크가 될 것이라는 점도 예상할 수 있다(Kelly, 2016).

이렇게 고도의 훈련과 학습 없이도 자연스러운 의사소통이 가능한 구술성이 구현되고, 지식에 대한 접근성이 높아지며, 웹 및 디지털 기기 자체가 지능화되는 상황에서 지식은 이전 시대의 분산적 특징을 넘어 편재성을 가질 것으로 예상할 수 있다. '분산된 지식'이 총체적 지식의 일부가 다양한 공간(저장소)에 흩어진 상태를 뜻한다면 '편재하는 지식'은 모든 시공간에 완결적 형태로 지식이 존재한다는 것을 의미한다. 예를 들어 이전에는 특정한 지식의 구성을 위해 웹을 통해 여기저기 흩어진 정보를 모으고 분석하고 구조화하는 작업이 요구되었다면 현재는 인공지능이 그러한 과정 전체를 대신하면서 인간 사용자(학습자) 앞에 상당히 그럴듯한 수준으로 제시하는 것을 목도하고 있다.

지식이 이렇게 편재성을 가지게 된다면 이때의 학습은 검색, 정리, 조직화가 아닌 '질문하기'가 될 것이라고 예상할 수 있다. 질문하기는 문자 시대에도 학습에서 중요한 요소였지만 이전에는 질문 이후에 학습자의 다양한 주체적, 능동적 활동이 요구되었다면 인공지능 시대에는 지능화되고 편재하는 지식의 망(net)을 향해 질문하는 행위(Questioning) 자체가 학습이 될 수 있다. 즉, 질문 후 습득이 아닌 질문이 그 자체로 학습의 과정이자 결과가 된다는 뜻이다.

또 한 가지 생각해 볼 수 있는 지식과 학습의 변화는 '최적해'를 찾는 학습에서 공감과 관계적 속성으로서의 지식과 학습으로의 변화다. 인공지능의 발달을 통해 최적해를 찾는 것이 지금보다 쉬워질 것이라는 사실은 충분히 예상할 수 있다. 그렇다면 남는 질문은 누가 최적해를 찾을 수 있는가가 아니라, 누구라도 찾을 수 있는 최적해를 어떻게 공감할 수 있게 만들고 의미화할 것인가, 그러한 최적해를 어떤 대상, 상황, 사건과 연결할 것인가가 된다. 즉, 공감과 관심에 기초한 '관계성'이 인공지능 시대 지식의 중요한 특징이 될 수 있다.

### 참고문헌


유영만(2005). "지식생태학과 교육공학: 생태학적 교육공학의 정초마련을 위한 시론적 탐색". ≪교육공학연구≫, 21권 1호, 159-194.

유영만(2006). 『지식생태학-지식기반사회를 위한 포스트 지식경영』. 삼성경제연구소.

윤태진 외(2004). "문자문화, 구술문화, 영상문화의 진화와 상호작용". 정보통신정책연구원.

이동후(2013). 『미디어 생태이론』. 커뮤니케이션북스.

이은택 외(2018). "4차 산업혁명 시대의 교수학습 양상에 대한 탐색적 연구-미디어의 속성변화에 대한 통시적 관점을 중심으로". ≪교육정보미디어연구≫, 24권 2호, 303-329.

장클로드슈미트(2013). "중세 유럽의 읽기, 쓰기, 노래하기". ≪유럽사회문화≫ 11권, 99-140.

전숙경(2017). 『미디어는 교육을 어떻게 바꾸었나』. 커뮤니케이션북스.

Carr, N.(2010). *The shallows: How the internet is changing the way we think, read and remember.* Atlantic Books Ltd. 최지향 옮김. 『생각하지 않는 사람들』. 청림출판.

Kelly, K.(2016). *The inevitable: Understanding the 12 technological forces that will shape our future.* NY: Vikin.

이한음 옮김(2017). 『인에비터블 미래의 정체』. 청림출판.
Ong, W. J.(1982). *Orality and Literacy*. NY: Routledge. 이기우 외 옮김(1995). 『구술문화와 문자문화』. 문예출판사.

## 02
## 다른 지능으로서의 인공지능

인공지능과 인간의 학습이 공존하기 위해서는 어떤 파트너십을 맺어야 하는지 이해할 필요가 있다. 인공지능에서의 지능의 구현 원리와 특징을 이해하는 것은 인간지능과의 관계에서 인공지능이 담당해야 할 역할이 무엇인지 알 수 있게 해 주고 인간의 영역이 무엇인지도 생각하게 한다. 인간 같은 지능이라는 막연한 이해가 아닌 다른 지능으로서의 인공지능을 이해할 필요가 있다.

AI와 MBTI?

## 인공지능의 원리와 특징 분류

인간은 오랜 시간 유기물 덩어리인 존재가 어떻게 자신보다 더 큰 세계를 인식하고 이해하며 예측하고 조작할 수 있는지 알기 위해 노력해 왔다. 그것이 지능을 '규명'하려는 노력이라면 인공지능은 지능에 대한 규명을 넘어 지능을 '구축(build)'하려는 시도라고 할 수 있다(Russell & Norvig, 2010). 현재 상황을 보면 '인간지능'에 대한 규명조차 충분히 이뤄지지 않았지만 '인공지능'은 독립적으로 다양한 방식으로 개발되어 사용되고 있다. 이는 인공지능에 적용되는 지능의 개념과 원리, 물리적 토대가 인간지능과 같지 않다는 것을 시사한다.

러셀과 노빅은 『Artificial intelligence, a modern approach』에서 널리 받아들여지는 인공지능의 개념 분류 체계를 표 2-1과 같이 제시했다.

**표 2-1** 인공지능 개념의 네 가지 범주

| 구분 | 인간적 | 합리적 |
| --- | --- | --- |
| 사고 | 인간처럼<br>생각하는 시스템 | 합리적으로<br>생각하는 시스템 |
| 행위 | 인간처럼<br>행위하는 시스템 | 합리적으로<br>행위하는 시스템 |

가로축인 '인간적'과 '합리적'은 인공지능 수행 능력의 특성에 해당하고, 세로축은 인공지능 수행 결과물의 형식에 해당한다. 최근 주목받는 챗지피티의 경우 비록 규명된 인간의 사고 원리를 바탕으로 한 것은 아니지만 인간이 생성한 엄청난 양의 학습 데이터를 사용한다는 점, 신경망 파라미터(parameter) 규모가 일정 수준을 넘어가면서 이유를 특정할 수 없는 성능 비약(emergent)이 일어난다는 것을 토대로 자연어 처리를 비롯한 일반지능(General Intelligence)의 속성을 초기 수준에서 보여준다고 평가받는다(박태웅, 2023). 그리고 현재 수준의 이러한 생성형 인공지능(또는 거대언어모델로도 부른다)의 특징을 러셀과 노빅의 분류 기준으로 보면 '인간적 사고'에 해당하는 인공지능 시스템의 예라고 볼 수 있다.

거대언어모델 방식은 딥러닝에 뿌리를 두고 있는데, 딥러닝이 대량의 데이터에서 패턴을 인식하면서 신경망 파라미터 값을 조정하는 기계학습 방식이라는 것은 잘 알려져 있다. 2010년대에 주로 연구된 딥러닝은 패턴 인식에 초점을 둔 기술이다. 여기에서 주목할 점은 '인식(recognition)'이다. 딥러닝은 간단히 말하면 이미지를 인식해서 언어로 결과 값을 산출하는 시스템이었다. 예를 들어 개, 고양이, 새의 사진을 데이터로 입력하면 각각의 이미지에 대응하는 적절한 이름이라 할 수 있는 '개', '고양이', '새'의 문자 기호를 출력 값으로 내놓는 방식이다. 그런데 이렇게 다양한 이미지 중에서 새(이미지)를 새(분류 값)로 인식할 수 있게 훈련을 마친 신경망의 작동 방향을 거꾸로 바꾸면 어떻게 될까 하는 것이 생성형 인공지능의 발상이었다. 즉, 새의 이미지를 입력값으로 넣는 대신 거꾸로 '새'라는 문자(분류 값)를 입력값으로 넣으면 해당 신경망은 거꾸로 새의 적절한 이미지를 그려 내지 않을까 하는 것이었다(Arcas, 2016). 구글에서 처음 시도한 이러한 생성형 인공지능이 가지는 중요한 의미는 "인식(recognition)할 수 있는 행위자는 원리적으로 생성(generation)할 수 있다"는 것이다. 2023년 큰 반향을 불러일으킨 오픈AI(OpenAI)의 챗지피티는 바로 이러한 생성형 인공지능의 원리에 기초를 두고 있다.

## 다른 지능으로서의 인공지능

그렇다면 인간과 유사하지만 본질적으로 다른 물리적 토대와 원리에 기초한 '다른 지능'인 인공지능의 특징 중 우리가 주목해야 하는 것은 무엇일까? 인간의 지식과 학습에서 인공지능이 가지는 의미와 역할을 성찰하기 위해서 생각해 볼 필요가 있는 인공지능의 특징으로는 '자각 없는 수행'과 '이해하기 어려운 실패'가 있다(이상욱, 2020).

인공지능은 이미 바둑을 잘 두는 것을 넘어 사물에 대한 인식도 인간보다 더 정확히 할 수 있고 방대하고 복잡한 데이터에서 패턴을 찾아내는 일도 이미 인간이 따라잡을 수 없는 능력치를 보여 준다. 그런데 인공지능은 세계 최고 수준의 바둑 기사와의 대국에서 승리하면서도 '스스로 바둑을 둔다는 인식'은 없다. 즉, 자신의 수행에 대한 자각 없음, '자각 없는 수행'이 인공지능의 중요한 특징이다. 다르게 말하면 인공지능은 탁월한 수행(탁월함을 모사하는 것)과 탁월함에 대한 의식적 경험 중 기능적 영역에 속하는 탁월한 수행에서는 놀라운 성능을 보이지만 의식적 경험을 가지지 않는다는 것이다. 이것은 이후에 자세히 논의하겠지만 다른 특징과 함께 인간의 지식 및 학습에서 인공지능이 가지는 의미와 역할에 중요한 시사점을 던진다.

다음으로 인공지능은 이해할 수 없는 실패를 한다는 특징이 있다. 이것은 거대언어모델에서 얘기하는 환각(hallucination)과는 조금 다른 의미다. 환각은 인간 사용자의 프롬프팅(prompting)에 따라 '없는 것도 있는 것처럼 태연하게 창작'하는 현상을 말한다. 그런데 신경망 기반 인공지능이 가진 이해할 수 없는 실패는 이러한 태연한 창작, 혹은 거짓말의 문제가 아니라 인간지능과의 원리적 차이에서 발생하는 '이해할 수 없음'의 문제다. 즉, 거짓말은 약간의 수고만 하면 그것이 사실인지 거짓인지 밝힐 수 있다는 측면에서 이해 또는 파악의 범위 안에 있고, 거대언어모델이 프롬프트에 따른 확률적 결과물을 내놓는 방식으로 설계되었다는 원리를 아는 상황에서 어느 정도 원인/원리도 알고 있다고 할 수 있다. 하지만 인공지능에게는 인간이 이해할 수 있는 방식이 아닌 종류의 (인간 입장에서의) 실패가 있다. 예를 들어 그림 2-1을 보자.

인간은 버스의 브랜드는 착각할 수 있지만 버스와 타조를 착각하지는 않는다. 그런데 인공지능은 버스 이미지에 약간의 섭동(perturbation)을 더하면 버스를 타조라고 인식하는 결과를 내놓기도 한다. 이는 앞서도 언급했듯이 단순히 기계적인 오류라기보다는 인간이 인식하는 것과 다른 종류와 방식으로 정보를 인식하고 분석하는 '다른 지능'으로서의 인공지능의 특징을 보여 주는 현상이다. 이 역시 인간의 지식과 학습에서 인공지능이 가지는 의미가 무엇인지를 논의하는 데 중요한 함의를 가

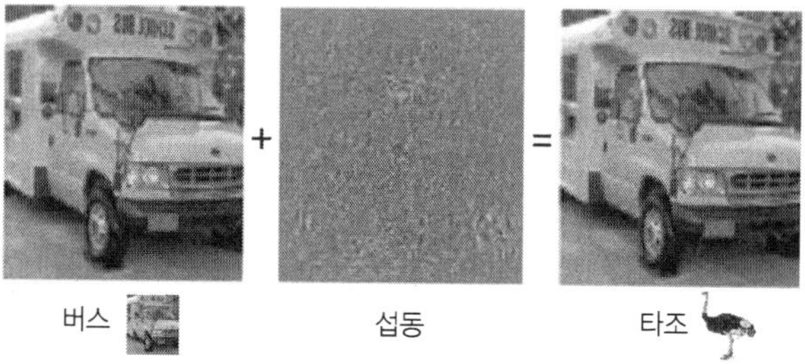


**그림 2-1** 인공지능의 이해할 수 없는 실수(출처: Moussaoui, H. (2019))

지는 특징 중 하나다.

인간은 지식을 획득하고 학습하는 일에서의 '성찰', '책임'을 요구받고, 지식과 학습의 '주체'가 될 것을 요구받는데, 이상에서 논의한 인공지능의 특징은 바로 이러한 인간 학습의 요구와 분명한 대비를 이룬다는 점에 주목할 필요가 있다.

### 참고문헌

박태웅(2023). 『박태웅의 AI강의』. 한빛비즈.

이상욱(2020). 인공지능은 예술을 창작할 수 있을까? 고등과학원 HORIZON. https://horizon.kias.re.kr/15383/

Agüera y Arcas, B.(2016). How computers are learning to be creative [Video]. TED Conferences. https://www.ted.com/talks/blaise_aguera_y_arcas_how_co

mputers_are_learning_to_be_creative/transcript
Moussaoui, H.(2019). Hacking Deep Learning Models: you don't even need a PhD nor a GPU. Medium. https://medium.com/axionable-ai-and-blockchain/hacking-deep-learning-models-you-dont-even-need-a-phd-nor-a-gpu-52125c956ec8
Russell, S. J. & Norvig, P.(2010). *Artificial intelligence a modern approach*. Pearson Education, Inc. 류광 옮김(2016). 『인공지능1: 현대적 접근방식』. 제이펍.

## 03
## 포스트휴먼 시대의 인간, 행위자네트워크이론

인공지능은 인간지능을 퇴화시킬 것인가.
계산기와 인터넷은 인간지능을 퇴화시켰나.
그렇다와 아니다로 답하기 전에 먼저 물어야
하는 것은 인간지능이 무엇을 의미하는지,
그것은 어떻게 구성되어 있는지다. 이는 인간의
존재 방식에 대한 질문이기도 하다.
행위자네트워크이론은 포스트휴먼 시대의 인간
존재 방식을 이해하는 하나의 창이 된다.

AI와 난임 극복?

## 포스트휴먼 시대

2016년 알파고의 충격과 2023년 챗지피티의 충격으로 흔히 인간의 창의성과 학습 행위 등이 무의미해지거나 인공지능에 의해 대체될 수 있다는 우려가 제기된다. 이러한 우려에 적절하게 응답하기 위해서는 인간은 어떤 방식으로 존재하는지에 관한 이해가 필요하다. 바로 '인간의'라고 하는 것의 의미가 무엇인지 성찰해 보아야 한다는 것이다. 여기에서는 인공지능의 충격 이후 순수한 인간 존재라는 개념 자체가 의심받는 포스트휴먼(post-human) 시대에서 인간의 존재 방식을 이해하기 위한 이론적 프레임 중 하나인 '행위자네트워크이론'을 간략히 소개하고 행위자네트워크이론의 관점에서 인간의 창의성이나 학습의 소멸이라는 우려가 타당한지에 대해 살펴본다.

## 행위자네트워크이론의 주요 개념들

행위자네트워크이론(이하 ANT)은 '과학적 지식에 대한 사회학'이라고도 불리는데(김환석, 2005), 브뤼노 라투르(Burno Latour)를 위시한 일군의 학자들이 자연-사회(인공) 등의 각종 이분법적 구분이 아닌 이질적 행위자들의 잡종(hybrid) 상태로 존재하는 세상의 실제 모습을 해석하기 위해 주창한 이론이다. ANT에서는 다양한 새로운 개념이 제시되는데, 여기에서는 인간의 지식과 학습에 대한 논의에서 반복적으로 등장할 개념인 '행위자', '번역', '블랙박스' 세 가지만 간략하게 살펴본다.

우선 '행위자' 개념이다. ANT에서는 행위 능력을 가진 모든 존재를 행위자라고 명명하는데 중요한 것은 그것을 인간이나 생물에 국한하지 않고 사물은 물론 제도 등의 비물질적 실체까지도 포괄한다는 것이다. 행위자 개념에서 중요한 것은 '행위 능력'인데, 이는 다양한 행위자의 상호작용으로 나타나는 '관계적 효과'를 뜻한다(이경묵, 2016; Law, 2000). 라투르가 예시로 든 미국의 총기 규제 관련 사례가 행위자의 개념을 이해하는 데 도움이 될 수 있다(이종혁 외, 2021). '총'이라는 행위자(A)는 '사람'이라는 행위자(B)와 만나서 총-사람 '네트워크 행위자'가 된다. 이렇게 만들어진 총-사람 행위자(C)는 A와 B의 산술적 합이 아닌 질적으로 다른 행위자가 된다. 왜냐하면, 두 행위자가 연결되면서 (스스로는 발사될 수 없던) 총의 행위 능력도 달라지고 (총 정도의 파괴력을 스스로는 가지고 있지 않은) 사람의 행위 능력도 크게 달라지기 때문이다. 즉, 행위자(C)는 행위자(A)와 행위자(B)가 가지고 있던 기존 행위 능력의 합과는 질적으로 다른 새로운 행위 능력을 가진 행위자가 되는 것이다.

다음으로 '번역'을 살펴보자. ANT가 초기에 '번역의 사회학'이라고 불리기도 했을 만큼 ANT에서 '번역'은 중요한 개념이다. 번역은 한 행위자가 다른 행위자를 대리해서 말하게 하는 것을 뜻한다. 예를 들면 쿠팡 같은 물류 회사가 로켓배송이라는 새로운 시스템을 도입하고 여기에 다수의 판매자와 소비자의 관계망이 구축되게 함으로써 로켓배송을 생활의 상식적 일부분으로 인식되게 하는 과정을 생각해 볼 수 있다. 이렇게 쿠팡이 자신을 중심으로 네트워크(연결)를 다양하고 광범위하게 형성하는 과정 자체가 기존 생활 방식을 로켓배송이라는 새로운 생활 방식으로 '번역'하는 작업인데, 번역에서 주목할 것은 번역을 통해 더 많이 연결될수록 더 실재적인 것이 된다는 사실이다. 이는 몇 년 안 되는 사이에 로켓배송 없는 생활의 가능성을 우려하는 수준까지 이른 지금의 현실이 잘 보여 준다.

번역 개념을 통해 지식과 학습을 해석하면 자칫 지식이라는 것이 다수를 포섭하기만 하면 되는 헤게모니 싸움의 결과라고 이해할 수도 있다. 하지만 번역은 다르게 표현하면 사회와의 연결, 타자와의 연결, 공감에 기초한 설득의 정도라고 말할 수도 있는데, 번역의 이러한 성격은 인공지능 시대에서 지식이 가져야 할 성격이 무엇인지를 시사한다는 점에서 중요한 의미가 있다.

마지막으로 '블랙박스'라는 개념이 있다. 블랙박스는 행위자의 네트워크가 안정되면서 그것이 다수의 행위자가 연결된 네트워크 상태가 아니라 마치 '하나의' 행위자처럼 인식되는 현상을 말한다(Harman, 2009). 예를 들어 자동차를 만들기 위해서는 오토(Nikolaus Otto)의 엔진 기술, 마이바흐(Wilhelm Maybach)의 카뷰레터(carburetor) 기술 등 역사적으로 축적되어 온 기술과 함께 공장 시스템, 인간 노동자에 대한 각종 관리 및 보상 체계, 환경 규제 등의 법률이나 제도를 비롯한 다양한 인간-비인간 네트워크가 차곡차곡 접혀(folding) 있어야 한다. 즉, 완성차는 '자동차'라는 하나의 완결적이고 독립적인 대상물로 인식되지만 실제로는 기술, 인간, 제도, 역사적 관행 등의 다양하고 이질적인 행위자가 접히고 접혀 있는 네트워크다. ANT에서는 이처럼 접힌 상태가 하나의 행위자로 인식되는 것을 블랙박스화라고 한다.

블랙박스 개념에서 주목할 것은 네트워크의 블랙박스화 효과가 크면 클수록, 즉 블랙박스 안에 축약되고 연결된 '네트워크의 내용'에 사람들이 관심을 두지 않을수록 더 많은 사람이 블랙박스화된 행위자와 손쉽게 연결된다는 것이다. 예를 들어 은행 이체를 생각해 볼 수 있는데, 오프라인 은행 창구에서의 이체는 물론이고 온라인 뱅킹에서도 이체를 하기 위해서는 웹 플랫폼, 개인정보 보호라는 법률적 규제, 공인인증이라는 암호화 체계 등 다수의 단계와 요소를 거쳐야 한다. 그런데 최근에 성장한 핀테크 스타트업은 이와 같은 과정을 간소화(블랙박스화)하는 혁신을 만들고 있는데, 사용자 측면에서 보면 은행업과 관련된 각종 규제와 단계가 블랙박스화되지 않을수록 사용하기 불편하고 블랙박스화될수록 사용성이 좋아진다고 느끼는 것이다.

## 행위자네트워크이론이 던지는 인간에 대한 질문

지금까지 간략하게 살펴본 ANT 개념에 따라 인공지능에 의한 인간 학습의 무의미화, 인간 창의성의 약화 우려에 대해 비판적으로 검토해 보자.

인공지능 시대에 인간의 학습, 지식, 창의성 등을 이야기할 때 자연스럽게 전제되는 구도가 '자연으로서의 인간지능'과 '인공으로서의 인공지능'의 구별, 분리다.

이러한 구도가 주는 효과는 인간지능은 인간이라는 자연적 존재에게 오롯이 귀속되어 있다는 인식의 형성인데, 그래서 이러한 자연적 능력(인간지능)이 인공물에 의존하기 시작하면 약해질 수 있다(퇴화할 수 있다)고 우려하게 되는 것이다.

그런데 ANT 관점에서 보면 지식은 물론이고 인간 자신도 인간-비인간, 물질-비물질 네트워크 상태가 아닌 '순수한 인간' 상태로는 존재할 수 없다. 심지어 사회적-인공적 환경에 직접 노출되지 않은 태아조차도 실상 산부인과학이라는 현대 의학, 의료보험 제도, 태교라는 관습 등 다양한 비인간 요소와 연결되어 있고, 이미 사회적 존재로 생활하는 성인의 경우는 말할 것도 없다. 지식의 경우에도 네트워크의 상징인 웹, 검색 알고리즘, 각종 정보와 지식에 접속하기 위한 스마트 기기, 혹은 도서관 등의 시설과 장서 분류 체계 등이 없이 인간이 홀로, 혹은 인간 집단 간의 상호작용에만 의지해서 구축되는 것이 아니다. 즉, 자연으로서의 인간에게만 귀속되는 인간만의 지식은 상상 속에서만 존재할 수 있다.

실제로 인간은 새로운 미디어(기술) 상황에서 새로운 지식, 학습, 노동, 예술 등의 개념을 끊임없이 갱신하면서 지식의 역사를 만들어 왔다. 다만 현재는 인공지능과의 공존 속에서 지식, 학습, 노동, 예술 등을 어떻게 재개념화할 수 있는지에 대해 합의하지 못하고 파악하지 못하고 있는 과도기 상태인 것이 문제다. 사진의 출현으로 회화는 소멸할 것이라는 절망적 우려가 세간을 흔들었지만 과도기가 지난 후에는 회화도 사진도 각각의 개념체계 안에서 예술로 자리 잡았다는 잘 알려진 사실이 시사하는 바를 생각해 볼 필요가 있다.

그렇게 볼 때 인공지능의 시대에 인간의 지식과 학습에 대해 말하기 위해서는 우선 현재의 불안의 배경에 놓인 '인간의'라고 하는 개념의 실재성에 대해 먼저 성찰해 보아야 하며, ANT가 그러한 성찰의 길잡이 중 하나가 될 수 있다. 예를 들어 우리는 이미 너무 익숙하게 계산기와 인터넷을 사용하고 있고 그것이 인간의 학습을 무의미하게 할 것이라고는 생각하지 않는데, 이를 ANT 관점에서 보면 이미 계산기와 웹이 학습 시스템에서 '블랙박스화'된 상태에 있다고 볼 수 있다(Watters, 2015). 반면에 인공지능은 새롭게 출현한 '행위자'이기 때문에 아직 인공지능을 중심으로 한 네트워크의 안정화나 기존 지식-학습 네트워크 안에서 인공지능을 행위자로 자리 잡게 하는 '번역' 작업의 초창기에 있어서 도드라지게 '다른' 존재로 인식되고 있는 상태라고 해석해 볼 수 있다.

오히려 우리가 던져야 할 중요한 질문은 인공지능의 사용이 일상화될 때, 인간 학습자가 인공지능에 의한 생성물을 너무 자연스럽게 받아들이는 것, 즉 블랙박스화된 알고리즘에 대해 질문하지 않는 것을 학습적 관점에서 어떻게 볼 것인지, 이러한 인공지능의 '블랙박스화'와 '번역' 작업에 대한 '역번역'은 무엇이 있을 수 있는지와 같은 것이 되어야 한다.

## 참고문헌

김환석(2005). "행위자-연결망 이론(Actor-Network Theory)에 대한 이해". ≪한국과학기술학회≫ 강연/강좌자료, 137-157.

이경묵(2016). "물건의 힘과 작동-망(work-net)의 상상력: 행위소로서의 인간·비인간 행위자에 대한 재고". ≪비교문화연구≫, 22권 1호, 311-343.

이종혁 외(2021). "행위자-네트워크 이론으로 본 과학적 실행의 교육적 함의". ≪교과교육학연구≫, 25권, 133-150.

Harman, G.(2009). *Prince of Networks: Bruno Latour and Metaphysics*. re.press. 김효진 옮김(2019). 『네트워크의 군주 - 브뤼노 라투르와 객체지향 철학』. 갈무리.

Law, J.(2000). Notes on the theory of the actor-network: ordering, strategy and heterogeneity. In: Warwick Organisational Behaviour Staff (Ed.), *Organizational studies: critical perspectives on business and management. Vol. 2, Objectivity and its other*(pp. 853-868). (Critical perspectives on business and management). Routledge. 홍성욱 편역. 『인간

· 사물 · 동맹』. 이음. 37-56.
Watters, A.(2015). A Brief History of Calculators in the Classroom. Hack Education. https://hackeducation.com/2015/03/12/calculators

## 04
# 체화인지이론과 인간지능

인공지능이 인간에게 위협이 되는지, 인간을 대체하는지, 인간의 학습을 돕는지를 판단하기 위해서는 각각의 지능의 성격에 관해 이해하는 것이 필요하다. 인공지능이 인간지능과 다른 지능이라면 신경망 기반 인공지능과 차이를 보이는 인간지능의 특징은 무엇일까. 인간의 고유성을 구성하는 것 중 하나인 몸의 렌즈로 이해하는 인간지능은 무엇일까.

AI와 사주?

## 인간 인지의 특징, 체(體)화

인지과학은 인간의 마음, 인지, 학습, 기억, 지각 등을 연구하는 학제적 연구 프로그램으로 1970년대 등장 이후 인간의 사고를 기호주의(symbolism), 연결주의(connectionism), 체화주의(embodimentism) 관점으로 설명해 왔다. 기호주의 관점은 인간의 인지를 세계에 대한 표상과 표상들 사이의 계산 과정으로 이해하는 접근이다. 인간의 마음이 다양한 개념(표상)과 그 개념들을 결합하거나 조합하는 각종 규칙으로 이루어져 있다는 것인데, 컴퓨터 언어와 비슷하게 인간의 사고를 이해한 것이다. 이에 반해 연결주의는 인지를 신경망(뉴런) 작용의 결과로 이해하는 접근인데 현재의 인공지능 혁명을 주도하는 기술적 토대가 된 딥러닝(심층신경망)이 바로 인지에 대한 연결주의적 관점을 기술적으로 구현한 방식이다(이영의, 2015).

마지막으로 체화주의는 인간의 인지를 두뇌에 국한된 현상이 아니라고 보며, 정보의 수용과 해석에서 신체가 가지는 의미와 역할에 주목하는 접근이다. 체화주의는 확장(extended) 인지, 체화(embodied) 인지, 상황(situated) 인지, 행화(enacted) 인지 등의 여러 세부 갈래를 가지는데, 공통점은 인지를 두뇌의 단독 현상으로 보지 않고 신체 수준으로 확장한다는 것, 그리고 신체와 세계의 상호작용까지 분석 범위에 포괄한다는 것이다. 이를 학술적으로는 외재주의(externalism)라 부르는데, 두뇌 중심적 관점인 내재주의(internalism)와의 대비를 보여 주며, 외재주의에서는 마음(인지)-신체-환경 전체를 인지의 물적 토대로 바라본다(김동창, 2016).

체화인지의 관점을 잘 보여 줄 수 있는 질문으로는 이런 것이 있다. "왼손잡이는 오른손잡이와 세상에 대한 이해가 다를까?", "미간 주름을 없애기 위해 보톡스 주사를 맞으면 슬픔에 관한 문장을 이해하기 어려워질까?" 의외라고 생각할 수 있지만 실험적 증거를 보면 답은 "그렇다"다(Fincher-Kiefer, 2019). 예일대 심리학 교수인 존 바그(John Bargh)는 체화인지이론에 관한 유명한 실험을 했는데, 차가운 커피와 뜨거운 커피를 각각 손에 쥐고 있던 피실험자가 가상의 인물에 대해 다르게 평가한다는 것을 발견했다. 따뜻한 커피를 쥐고 있던 피실험자가 통계적으로 유의하게 가상의 인물에 대해 따뜻한 사람이라고 평가했다는 것이다. 이러한 실험과 관점은 통상 생각은 머리에서 하고, 몸은 뇌(생각)의 명령(신경 신호 전달)을 받아서 수행한다는 관점을 반박하면서 인간의 사고에 몸이 미치는 능동적 영향을 보여 준다는 점에서 인

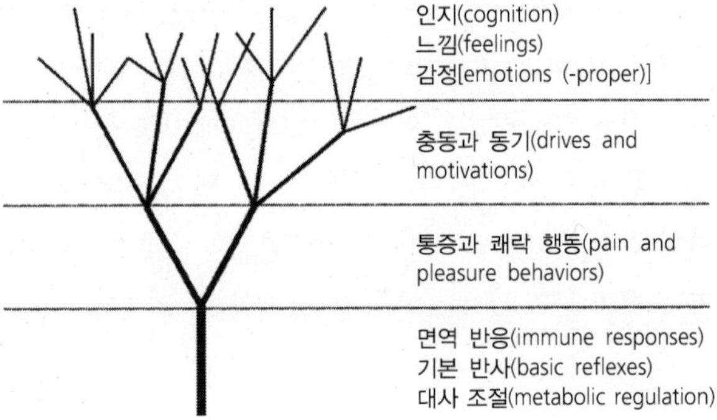


**그림 4-1.** 다마지오 나무 (출처: Ziemke, T., & Lowe, R., 2009)

간 인지를 이해하는 데 매우 중요한 전환적 시각을 제공했다.

하지만 체화인지 관점에서 인간의 인지를 이해한다는 것이 인간의 몸에 영향을 미쳐서 추상적 사고의 내용을 모두 세밀하게 '조정'할 수 있다는 것을 의미하지는 않는다.

그림4-1은 '다마지오 나무(Damasio tree)'라고 불리는 도식인데, 신경과학자인 안토니오 다마지오(Antonio Damasio)가 인간의 몸-마음의 전반적 체계를 도식적으로 표현한 것이다. 다마지오 나무를 보면 고통(pain)이나 즐거움(pleasure)과 관련한 행동이 인지(cognition),

느낌(feelings)에 영향을 미치는 방식으로 연결되어 있다는 것을 알 수 있다. 그런데 도식의 중간에 가로로 구분 선이 놓여 있는데, 이것은 생물학적 토대(신진대사, 면역계, 반사 체계 등)에서부터 인지, 느낌, 감정까지가 연결되어 있기는 하지만 각 체계의 연결 관계가 알고리즘처럼 논리적, 선형적으로 해명 가능한 방식으로 연결되어 있지는 않다는 것을 의미한다. 각 단계에서 다음 단계로의 연결이 완전하게 해명될 수는 없는 복잡계의 성격을 가진다는 것인데 이를 학술적으로는 창발론적 관점이라고 한다.

## 인지언어학과 정동신경과학 관점에서 인간지능

이제 체화주의에 기초한 몇 가지 이론을 통해 인간지능의 특징을 살펴보자. 여기에서는 체화주의에 기초해 인지언어학(cognitive linguistics)의 중요한 토대를 닦은 레이코프(George Lakoff)와 존슨(Mark Johnson)의 관점, 그리고 정동이론(affect theory)의 신경과학적 토대를 만들면서 '느낌(feelings)'과 '감정(emotions)'에 대한 과학적 해명을 수행한 다마지오의 관점을 적용해 보려 한다.

우선 인지언어학 관점에서 보면 "인생은 흘러가는 강물과 같다" 등의 은유적 표현은 인간의 상상력, 사고 체계 안에서 마음대로 만들어지는 것이 아니라 그 나름의 신체적(몸), 경험적 토대를 가진다고 본다. "사랑은 여행"이라는 은유를 통해 이를 더 자세히 살펴보자. 사랑을 여행이라고 은유할 때, 여행이라는 물리적 경험을 통해 형성된 감각이 사랑이라는 개념에 사상(mapping)된다(노양진, 2013). 이러한 '영역 간 사상'을 통해 특정한 개념에 대한 이해가 가능해지는데, 예를 들어 "사랑은 여행"이라는 은유는 연인 사이의 다음과 같은 표현을 이해할 수 있게 해 준다.

"우리는 이제 되돌아갈 수 없어."
"이 관계는 막다른 길이야."

사랑 자체에는 '길', '되돌아가는 경로' 등의 물리적 실체가 없다. 하지만 우리가 사랑을 포함한 다양한 개념을 이해할 때 일차적으로 신체를 통해 경험한 '삶의 체험'에서부터 출발하게 된다는 것이 인지언어학을 통해 밝혀진 내용이다. 즉, 인간의 인지, 사고가 일차적으로 신체적 경험을 토대로 한다는 것이다(노양진, 2013).

인지언어학의 이러한 관점은 거대언어모델의 환각(hallucination) 현상과 인간지능의 차이를 이해하는 힌트가 된다. 예를 들어 인간은 세종대왕이 아무리 화가 나도 맥북(Macbook)을 던질 수 없다는 것을 안다. 이는 수백 년의 시간적 차이가 나는 두 존재(세종대왕, 맥북)가 동시에 존재할 수 없다는 몸의 경험에 기초하는데, 시간을 건너뛰지 못한다는 몸의 경험은 너무 상식적이고 일상적이어서 의식조차 하지 않고도 인간의 사고에 적용된다. 그런데 챗지피티는 프롬프트를 통해 유도하면 물리적으로 존재할 수 없는 '세종대왕 맥북 사건'을 태연하게 말하게 되는데, 이에 대해 거대언어모델에는 물리적 세계의 경험이 없기 때문이라고 이해해 볼 수 있다. 동영상을 생성하는 데 탁월한 능력을 보여 주는 오픈AI의 소라(Sora) 데모 버전 영상을 보면 다섯 마리의 새끼 늑대가 서로 몸을 부대끼며 노는 장면이 나오는데, 그 늑대들의 몸이 순간적으로 겹쳐 있는 장면이 있다(The TechBrain, 2024). 일종의 오류인데, 이 역시 두 물체가 하나의 공간에 동시에 존재할 수 없다는 물리적(혹은 물리학적) 경험이 인공지능에 없어서 나타나는 오류라 할 수 있다. 이처럼 거대언어모델은 신체화된 물리적 세계의 경험이 없는 언어적 정보, 혹은 디지털 정보와 확률

계산을 토대로 하는데, 이 부분이 인간지능과 본질적인 차이 중 하나다.

이렇게 보면 인간지능은 몸, 신체화된 경험 세계, 물리적 세계에—본질적 수준에서는—묶인 사고라는 특징을 가진다. 동시에 물리적으로 존재할 수 없는 허무맹랑한 사실에 대해서는 신체적, 물리적 경험으로 축적된 사고를 통해 즉각적으로 '이상함'을 감지할 수 있는 특징이 있다는 것을 알 수 있다. 같은 이유로 인공지능은 신체적, 물리적 경험의 토대가 없어서 우리가 사는 실제 세계에 대한 이해와 분석에서 책임질 수 없는 상상의 나래를 펼치는 오류를 보여 줄 수 있는데, 이러한 오류가 동시에 인간의 경험적 세계를 넘어선 상상적 탐구의 도구로서 인공지능이 보여 주는 가능성이기도 하다.

다음으로 느낌에 대한 신경과학을 정립한 다마지오의 관점을 통해 인간지능과 인공지능의 차이에 대해 생각해 보자. 뇌 손상 환자에 대한 연구를 통해 다마지오는 무감동 증상을 보이는 환자, 즉 정서와 느낌의 기능에만 문제가 있고 인지 능력(기억, 계산, 논리 등)에는 전혀 이상이 없는 환자들이 정상적 수준의 인지 능력에도 불구하고 일상생활에서 단순한 결정조차 내리지 못하는 어려움을 겪는다는 사실을 발견했다(안수현, 2008). 왜 이런 일이 일어날까? 인간의 일상은 실제로는 판단하고 처리해야 할 무수한 변수와 상황의 연속이다. 그런데 우리는 그런 변수를 매번 의식적으로 생각해서 처리하지는 않는데, 바로 이 지점에서 신체에 기초한 정서와 느낌이 필터 역할을 한다. 이를 신체표지가설(somatic marker hypothesis)이라고 한다(Damasio, 2018). 여기에서도 인간의 인지에서 신체의 능동적 역할을 확인할 수 있다.

이와 달리 인공지능은 무작위 정보 안에서 주목해야 할 정보와 그렇지 않은 정보를 인간의 개입을 통해 정리해 줘야 하는 특징이 있다. 이를 프레임 문제(frame problem)라고 한다. 현재의 거대언어모델은 어텐션(Attention) 매커니즘을 적용해서 이러한 프레임 문제를 일부 해결하고 있고, 인간 사용자의 프롬프트를 통해 다시 한번 프레임 문제를 해결하는 방식으로 작동한다(박태웅, 2023). 즉, 인간으로부터 생성된 수많은 언어적 데이터에 반영된 '상식'을 통해 일정 수준에서는 실제 세계에서 통용 가능한 추론을 하지만, 인간과 같이 신체적 토대의 능동적 작동 메커니즘을 가지고 있지는 않다는 것이 인공지능의 특징이다.

정리하면 인간지능은 물리적 세계와 연결된 신체를 통해 축적한 경험과 이를 토대로 한 지식을 갖추고 있다는 점에서 묶인 지식이자 책임을 내포한 지식이라는 특징이 있고, 인공지능은 몸이 주는 한계 경험이 없는 상태에서 환각이라는 한계와 인간이 경험하지 못한 기묘한 상상력의 가능성이라는 양면성을 가진 지식이라는 점이 특징이라 할 수 있다.

## 참고문헌


김동창(2016). "신체화된 인지의 도덕교육적 의미". ≪윤리교육연구≫, 40호, 55-73.

노양진(2013). 『몸이 철학을 말하다 – 인지적 전환과 체험주의의 물음』. 서광사.

박태웅(2023). 『박태웅의 AI 강의』. 한빛비즈.

안수현(2008). "이성, 정서, 느낌의 관계: 안토니오 다마지오의 "신체화된 마음" 이론을 중심으로". ≪동서사상≫, 제5집, 55-86.

이영의(2015). "체화된 인지의 개념 지도". ≪Trans-Humanities≫, 8권 2호, 101-139.

Damasio, A.(2018). *The Strange Order of Things: Life, Feeling, and the Making of Cultures.* Pantheon. 임지원·고현석 옮김(2019). 『느낌의 진화』. arte.

Fincher-Kiefer, R.(2019). An introduction to the theory of embodied cognition. in: *How the body shapes knowledge: Empirical support for embodied cognition.* American Psychological Association. pp.3-12.

The TechBrain(2024). OpenAi Sora: Five grey wolf pups chasing each other.

https://www.youtube.com/watch?v=jspYKxFY7Sc
Ziemke, T., & Lowe, R.(2009). On the role of emotion in embodied cognitive architectures: From organisms to robots. *Cognitive computation, 1*, 104-117.

## 05
# 인공지능 시대 학습의 개념

인공지능은 놀라운 생산성과 효율성을 보여 주는 기계적 특징이 있다. 인간에게는 실세계와의 상호작용을 통해 신체에 축적한 감각의 필터와 인간인지의 특징이 있다. 이러한 차이에서 협력의 가능성이 도출되고 인간지능과 인공지능이 연결된 상황에서의 학습 개념이 도출된다.

AI와 아이돌?

## ANT와 체화인지 관점에서의 학습 개념

학습이 무엇인지에 대해서는 시기별로 교육학을 주도한 이론에 따라 다르게 정의되었다. 20세기 중반 미국에서 발흥한 행동주의 심리학에 기초한 행동주의적 관점에서 학습은 훈련을 통한 인간 행동의 관찰 가능한 변화다. 더 정확히는 '환경의 자극에 대한 인간 반응의 연합', 요약해서 '자극과 반응의 연합'이라고 정의되었다. 그리고 이러한 자극과 반응의 과정에서 보상이나 처벌을 통해 긍정적 행동을 유도하고 부정적 행동을 억제하는 것이 가능하다는 스키너의 강화이론이 교육학에 큰 영향을 미쳤다(임상훈 외, 2022).

이후 행동주의의 과도한 기계론적 접근에 대한 반성과 함께 대두된 구성주의 관점의 학습이론과 21세기 빠른 변화 속에서의 적응과 실용적 인재상을 강조하는 역량 중심 학습이론 등이 제시되고 있다. 그렇다면 인공지능 시대에 인간의 학습은 무엇이라고 규정할 수 있을까? 이에 대해서는 어떠한 이론적 렌즈를 통해 상황을 바라보느냐에 따라 다양한 입장이 있을 수 있는데, 여기에서는 행위자네트워크이론(ANT)과 체화인지이론의 렌즈를 통해 인공지능 시대 인간의 학습을 살펴보도록 하자.

우선 ANT 관점에서 보면 인간이라는 행위자의 단독

적 학습은 있을 수 없다. '인공지능이 득세하는 상황일지라도 나는 인간의 힘으로만 이뤄지는 학습을 하겠다'고 결심하더라도 이미 인간의 삶은 기술 문명 위에 놓여 있다. 그리고 지금의 기술 문명, 특히 지식과 관련된 각종 기술 시스템은 이미 인공지능을 경유하는 방식으로 재편되고 있다. 즉, 직접적인 인공지능의 사용자가 되지 않더라도 이미 사회 시스템의 배경에 자리 잡은 인공지능을 간접적으로 사용하는 학습자가 되는 것을 피하기 어렵다는 것이다.

## 인공지능의 빠른 번역과 재번역으로서 인간의 학습

인간이 인공지능과 행위자-네트워크로 연결된 존재로서 학습하게 된다는 것을 받아들인다고 할 때 주목해야 할 점은 인공지능이 가진 기술적 특징이다. 인공지능은 인간과 마찬가지로 학습에 오랜 시간이 걸린다. 하지만 학습된 결과의 적용에는 인간과 큰 속도 차이를 보인다. 외국어 번역 사례를 통해 이 부분에 관해 생각해 보자.

2017년 2월 21일 국제통역번역협회와 세종대가 공동으로 인간 대 기계 번역 대결을 개최한 바 있다. 결과는 번역 속도에서는 인공지능이 우세하고 번역 정확성에서는 인간이 우세하다는 것이었다(설동준, 2018). 그런데 이때 말하는 '속도'와 '정확성'의 의미를 곱씹어 볼 필요가 있다. 인공지능은 인간이 10시간 이상 해야 할 번역을 몇 초 만에 해낼 수 있다. 하지만 인공지능에게 인간과 같은 10시간을 허락해 주더라도 스스로 번역의 품질을 높이지는 못한다. 그 이유는 우선 인공지능이 학습한 학습 데이터의 변화가 없는 한(신경망 가중치의 변화가 없는 한) 번역 문장을 혁신적으로 바꿀 수 없기 때문이다. 또 번역 품질의 평가 주체가 인간이기 때문에 '정확성'의 평가를 인간적 기준에 맞추게 된다. 더 근본적으로는 인공지능은 '자각 없는 수행'을 하는 기계이기 때문에 스스로 번역의 품질에 대한 집착, 즉 완성도에 대한 평가와 추구라는 의지를 가질 수 없다.

바로 이 지점에서 인공지능 시대 인간 학습의 의미에 대한 첫 번째 시사점이 도출된다. 인공지능이 엄청난 속도의 힘으로 어떠한 결과물을 생성한다고 하더라도 여전히 인간 사용자에게 적합한 방식, 인간 사용자가 공감할 수 있는 방식으로의 '인간화'의 과제가 남아 있다. 지식 생성의 과정에서 학습자가 맡게 되는 역할도 바로 이 지점이라고 생각해 볼 수 있다. ANT의 용어를 빌려 표현하면, 인공지능이 지능화된 네트워크(신경망과 웹 전체)

를 통해 인간 사회에 대해 '번역'한 결과를 엄청난 효율로 제시할 때, 이것을 다시 인간화의 관점에서 '재번역'하는 것을 인공지능 시대 인간 학습의 의미라고 할 수 있다(설동준, 2018).

## 역번역이라는 성찰로서 인간의 학습

다음으로 생각해 볼 수 있는 것은 '역번역'으로서의 학습 활동이다. ANT에 따르면 안정화된 네트워크는 블랙박스처럼 내부가 보이지 않고 하나의 행위자로 인식된다. 인공지능에 의한 지식 결과물도 대표적인 블랙박스 중 하나다. 이는 신경망 알고리즘의 작동 방식이 실제로 완전하게 해명할 수는 없는 블랙박스라는 뜻이기도 하고, 또 인공지능이 제시한 꽤 그럴듯한 결과에 대해 인간 학습자가 그대로 수용한다면 인공지능의 지식이 마치 완결적인 지식인 듯한 착시 효과가 발생한다는 의미이기도 하다.

하지만 학습은 프롬프트를 넣고 결과물을 가져오는 기계적 수행이나 반복이 아니다. 학습에는 성찰의 과정이 포함된다(윤지영 · 온정덕, 2022). 이 부분에 대해 흑인과 고릴라를 착각한 인공지능의 사례를 통해 더 자세히 살펴보자. 구글 엔진은 인간 사용자의 검색 키워드와 그에 따른 결과물의 선택 과정을 학습 데이터로 하여 자사의 검색 엔진을 기계학습시킨다. 그런데 구글의 검색 엔진이 흑인이 나온 사진에 대해 고릴라로 분류한 사건이 발생한 것이다. 검색 엔진이 흑인을 고릴라로 분류한 것에는 두 가지 가능성이 있다. 첫째는 인종차별적인 시각을 가진 사람들이 흑인 사진을 두고 고릴라라고 표현하는 등 인터넷 기록물에 남긴 혐오 표현을 검색 엔진이 학습 데이터로 사용한 결과라고 생각해 볼 수 있다. 다음으로 미세한 정보 잡음에 대해 전혀 엉뚱한 결과를 내놓을 수 있는 인공지능의 특성상 실제로 어두운 피부색의 흑인을 고릴라라고 인식했을 수도 있다. 전자의 경우라면 학습자는 인공지능의 생성물을 통해 편견이나 혐오, 혹은 관습 등을 포함한 인간 사회의 문화적 실체를 마주하는 경험을 하고 이를 통해 성찰의 계기를 가지게 된다. 후자의 경우라면 인간 학습자는 기계적 시각에서 흑인이 고릴라와 비슷하게 보일지라도 우리는 왜 흑인을 고릴라라고 부르지 않는지, 왜 그래야 하는지에 대해 생각해 보는 계기를 가질 수 있다. 그리고 이러한 성찰적 행위를 앞서 재번역으로서의 학습에 이어 '역번역으로서의 학습'이라 부를 수 있다(설동준, 2018). 블랙박스화된 인공지능의 생성물에 대해 질문하고 성찰함으로써 그

블랙박스 속에 있는 네트워크, 권력, 주류 문화, 상식 등을 분해하고 질문하며 재배치해 본다는 것인데, 인공지능의 번역 행위를 뒤집는다는 측면에서 역번역이라고 불러 볼 수 있다.

## 뇌인지 중심에서 신체 중심으로의 학습 패러다임 전환

다음으로 체화인지이론 관점에서 인공지능 시대 인간 학습의 의미에 대해 생각해 보자. 체화인지이론에 따르면 인간은 신체화된 경험을 통해 물리적 세계에 대한 감각을 획득하고, 신체에 기초한 정서 시스템의 필터를 통해 통합적 사고의 범주를 형성한다. 이것은 인공지능과 차이가 발생하는 인간지능의 대표적인 특징인데, 이 부분에 관한 성찰을 통해 인공지능 시대에 인간 학습이 신체성을 토대로 할 필요가 있다는 것을 알 수 있다. 그 구체적 의미는 무엇일까? 개별 교과목 차원에서 신체를 매개한 학습 구현의 방법을 찾는 것은 추가적인 연구가 필요한 부분이며, 여기에서는 '신체를 매개로 한 이론 지식과 실세계의 연결과 성찰'이라는 방향성 수준에서 이해해 볼 수 있다. 예를 들어 물리, 수학 등 대표적인 이론 교과를 신체 활동에 기초하는 방식으로 전환할 필요가 있다는 것이다. 왜 그러한가?

신체를 매개로 한 실제 세계에 대한 경험을 축적하지 않으면 인간은 세계에 대한 감각을 획득할 수 없다. 바로 이 감각이 낯선 것을 포착하게 하고 반응하게 하는 원천이 되는데(Damasio, 2018), 이러한 감각이 없다면 인간은 인공지능이 만들어 내는 생성물에 대해 낯설다거나 다르다고 인식하면서 질문을 던질 수 없게 된다. 예를 들어 자전거를 타고 달릴 때 느껴지는 바람의 저항에 대한 물리적 경험이 없다면 인공지능이 생성한 영상에서 공기가 주는 저항(마찰력)에 대한 표현의 미세함, 오류, 차이를 즉각적으로 포착하고 질문하거나 수정하거나 추가적인 조치를 할 수 없다. 물론 인공지능을 통해 이미 존재하는 실제 세계를 같은 방식으로 재생산하는 것이 인공지능 시대의 학습 목표는 아니다. 실제 세계에 존재하지 않는 것을 탐구하는 가능성, 즉 상상의 지평이 인공지능이 주는 장점인 것도 분명하다. 하지만 그것은 무엇이 다른지, 무엇이 학습자가 발 딛고 서 있는 실제 세계인지에 대한 인식 위에 더해져야지, 현실과 비현실의 구분도 못 하는 상황이 되어 버리면 학습자는 인공지능의 '놀라운' 생산력과 효율성 앞에서 질문 없이 끌려 가는 수동적 존재가 될 수밖에 없다.

이상의 내용을 정리하면 ANT와 체화인지이론의 관점에서 볼 때, 인공지능 시대의 학습은 인공지능 결과물에 대한 인간화 과정으로서의 재번역, 블랙박스로서의 인공지능 결과물에 대한 질문과 해체, 재배치 과정으로서의 역번역, 그리고 신체를 매개로 하는 인간 지식의 차이에 기초한 인공지능과의 비판적 관계 맺음이라고 요약할 수 있다.

## 참고문헌


설동준(2018). “행위자네트워크이론과 체화된 인지 이론으로 본 인공지능 시대의 지식과 학습의 개념에 대한 탐구”. 한양대학교 석사학위논문.

윤지영 · 온정덕(2022). “학습에서의 성찰 개념 및 교육과정에의 적용 방안 고찰”. ≪교육과정연구≫, 40권 1호, 1-27.

임상훈 외(2022). 행위자네트워크이론에 기반한 지식생태학의 개념적 확장. ≪교육정보미디어연구≫, 28권 2호, 245-271.

Damasio, A.(2018). *The Strange Order of Things: Life, Feeling, and the Making of Cultures.* Pantheon. 임지원 · 고현석 옮김(2019). 『느낌의 진화』. arte.

## 06
## 인공지능 시대 지식의 개념

인공지능 시대의 지식은 이전 시대와는 다른 본질적인 관점 전환을 요구한다. 인공지능 시대 이전에는 계산기를 사용해서 과학 연구를 해도 전자현미경을 사용해도 인터넷을 사용해도 그것을 온전히 인간의 지식으로 간주했다. 하지만 행위 능력에서 단순 도구와 구별되는 인공지능으로 인해 지식을 인간만의 것이라고 주장하기 어려워지고 있고 결과물로만 평가하기도 어려워지고 있다.

AI와 야구?

## 인식론과 지식의 개념 변화

지식이 무엇인지에 대해서는 학습이론과 마찬가지로 인식론의 변화에 따라 다양하게 제시되었다. 우선 근대적 인식론을 대표한다고 할 수 있는 실증주의적 입장에서는 '증명 가능한 객관적 사실'을 지식으로 보았다. 흔히 말하는 과학적 지식, 논리적 지식, 보편적 지식 등이 여기에 해당한다. 그리고 20세기 후반에 큰 영향을 준 구성주의적 인식론 입장에서는 '학습자의 주체적 경험과 해석에 따라 다르게 의미화되는 것'을 지식으로 보았다. 즉, 일관되고 보편타당한 지식이라는 개념을 거부하고 지식을 일종의 발견적 맥락, 혹은 사회적 합의의 관점에서 이해한 상대주의적 관점인 것이다(임상훈 외, 2022).

그럼 행위자네트워크이론(ANT)과 체화인지이론의 관점에서 바라본 인공지능 시대의 지식은 무엇이 될까?

## 하이브리드로서의 지식

우선 ANT에서는 실증주의적 지식관과 구성주의적 지식관 모두를 비판한다. 두 인식론이 모두 자연-사회의 이분법에 기초하고 있으며 이는 세상의 실재와 불일치한다는 것이다(임상훈 외, 2022). 실증주의는 자연, 즉 있는 그대로의, 인간의 개입이 없는 과학적(자연적) 사실에 가치를 둔다. 그래서 과학적 지식은 통제된 환경, 상황 맥락에 영향을 받지 않는 동일 조건에서의 재현 가능성을 핵심으로 한다. 즉, 자연에서 사회를 떼어 내었다. 반대로 구성주의는 사회에서 물리적 세계로서 자연을 떼어 내었다. 이렇게 함으로써 지식은 물적 토대가 약해지고 극단적 상대주의에 빠질 위험에 노출됐다.

이러한 비판의 연장선에서 ANT 관점, 즉 이분법을 넘어선 네트워크적 세계관에 입각해서 보면 지식은 '하이브리드 지식'이 된다. 정확히는 서로 다른 행위자의 네트워크가 만들어 내는 하이브리드가 지식이 된다. 이를 ANT의 대표 이론가인 라투르가 본인의 이론을 발전시킨 참여관찰 현장이었던 소크연구소(Salk Institute for Biological Studies)의 사례로 살펴보자.

라투르가 관찰한 소크연구소의 신경내분비학 실험실에는 원심분리기, 광학현미경, 각종 계측 장치, 분석 장비 등이 인간 연구자와 함께 있었다. 이러한 실험 장치는 인간이 넣은 시료나 실험 대상물에 대한 다양한 데이터를 생산하는데, 과학적 지식은 이러한 기계 장치가 생산한 데이터에 상당 부분 의존한다(Blok & Jensen, 2011). 즉, 실험실에서 만들어지는 과학적 지식은 인간뿐 아니라 다양한 비인간(기계, 실험실의 규범, 각종 관계망 등

일체의 네트워크)을 포함한 여러 행위자가 번역 활동한 결과에 대해 체계와 질서를 갖춰 정리한 것이라고 할 수 있다(Latour, 1987). 다시 말해 인간-비인간의 하이브리드 결과물이다.

이것은 인공지능이 지식 네트워크의 행위자로 들어오는 순간 더 명확해진다. 인공지능은 사용자의 사용 행위를 통해 데이터를 축적하고 신경망 알고리즘 자체를 갱신한다. 즉, 인간 행위자(사용자)의 의도를 충실하게 구현하는 변하지 않는 단순 도구가 아니다. ANT의 관점을 강하게 적용하면 사용 과정에서 스스로 변하지 않는 고정물로서의 도구(예를 들어 키보드)를 사용해서 만들어 낸 지식도 본질적으로 하이브리드 지식이라고 보아야 한다(Blok & Jensen, 2011). 그런데 인공지능을 행위자로 포함하면 인간-인공지능 상호작용 과정에서 자신의 신경망을 변화시키면서 산출물의 내용과 형태에 영향을 준다는 측면에서 인공지능의 행위 능력, 즉 행위자로서의 특징이 더 선명해지고 그런 상호작용으로 만들어진 지식의 하이브리드적 성격도 더 분명하게 드러나게 된다(설동준, 2018).

심지어 도구 사용 행위는 그것이 반복되면서 '적응'이라는 방식으로 인간 행위자 자체도 변하게 만든다. 예를 들어 검색 엔진과 웹이 일상화된 현재의 연구자는 웹과 검색 엔진이 출현하기 전인 20세기 중후반의 연구자와 비교해서 리서치 방식 자체가 다르고, 그에 따라 연구의 방식과 결과도 영향을 받게 된다. 이것을 인공지능 상황에 적용하면 인간은 인공지능을 사용하면서 인공지능 신경망도 갱신하고, 사용자인 인간 학습자 본인도 인공지능 인터페이스에 적응하는 방식으로 변하는 '공진화'를 경험하게 된다고 볼 수 있다. 그리고 이러한 공진화의 특정한 순간이 가시적인 형태와 체계를 갖추어 정리된 모습이 바로 하이브리드로서의 지식이라고 할 수 있다. 하이브리드로서의 지식 개념에서 보면 지식은 네트워크의 유동적 성격에 따라 계속해서 변하는데, 이종혁 외(2021)는 과학의 본성을 설명하면서 이러한 지식의 성격을 '만들어지고 있는 과학'이라는 라투르의 개념을 통해 설명한 바 있다.

사실 인간은 언제나 도구와 함께 공진화해 왔다(McLuhan & Gordon, 2003). 도구를 통해 환경에 영향을 미치고 다시 자기 자신에게 영향을 미치는 방식으로 인간 존재 자체를 재발명해 온 것이다. 하지만 과거에는 수동적으로 보이는 도구의 행위성을 인식하기 어려워서 하이브리적 상황이 가시화되지 않았던 것이고, 지금은 인간만이 단독적 행위자라고 주장하기 어려울 만큼 인공지능이 발달하면서 하이브리적 상황이 선명해졌다는 점이 다를 뿐이다.

## 내러티브로서의 지식

다음으로 체화인지이론 관점에서 볼 때 인공지능 시대의 지식은 무엇인지 살펴보자. 인지과학자 이정모(2010)는 체화인지이론을 소개하면서 신체를 매개로 한 인간과 환경의 상호작용에 주목하는데, 이러한 상호작용의 '과정'에 신체의 경험이 연속적으로 만들어 내는 내러티브의 성격이 있다고 말한다. 그리고 이 내러티브가 인간 정체성의 토대가 된다고 설명한다.

인간지능이 인공지능과 다른 결정적 요소 중 하나가 인간의 신체성이다. 인간지능은 신체를 매개로 하여 실제 세계에서 일련의 시간을 살아 내는 시간적 누적을 통해 형성되는데, 그렇게 만들어진 세계에 대한 감각이 바로 인공지능의 생성적 결과물에 대해 인식하고, 문제 제기하고, 재배치하면서 인간의 맥락에서 적합한 결과물로 바꾸는 원천이 된다. 바로 이 과정에서 작용하는 '감각', 그것을 개념적 형태로 드러낸 것이 내러티브로서의 지식이라고 할 수 있다.

간단한 예를 들어 인간 학습자가 인공지능을 사용해서 특정한 이미지를 만든다고 할 때, 인공지능이 생성한 이미지에 대해 인간 학습자가 가지게 되는 인상, 느낌, 그것에 기초해 던지는 질문, 다시 인공지능이 생성한 결과물을 보면서 느끼는 만족이나 불만족 등의 일련의 과정에서 인간 학습자의 몸에 축적된 실제 세계에 대한 자기만의 감각이 발현된다. 이렇게 보면 인간과 인공지능의 상호작용 과정을 기록했을 때, 그러한 기록에서 자연스럽게 내러티브로서의 지식을 확인할 수 있다. 정리하면 인간-인공지능 상호작용에서 내러티브로서의 지식 개념은 중의적으로 쓰이는데, 인공지능과 상호작용하는 인간의 감각 자체가 기존 학습의 역사를 내포한 인간 학습자의 내러티브라는 의미가 하나이고, 인간-인공지능 상호작용의 과정 기록에서 확인할 수 있는 상호작용의 역사로서의 내러티브가 다른 하나의 의미다.

내러티브로서의 지식 개념은 결과물로서의 지식의 개념과 반대에 놓여 있다. 즉, 지식을 학습이라는 활동의 최종적 결과물로 바라보는 것이 아니라, 학습 행위가 만들어 내는 흔적의 기록 일체로 바라보는 것이다. 이러한 관점은 종래에 관행화된 총괄 평가, 결과 평가 중심의 '학습평가'에 대해 근본적인 패러다임 전환을 요구한다.

실제로도 인공지능을 활용한 학습자의 학습과 그 결과물(지식)에 관한 평가는 교육 현장 및 이론 연구에서 현재적으로 활발하게 논쟁이 되는 내용이다.

## 참고문헌


설동준(2018). "행위자네트워크이론과 체화된 인지 이론으로 본 인공지능 시대의 지식과 학습의 개념에 대한 탐구". 한양대학교 석사학위논문.

이정모(2010). "체화된 인지(Embodied Cognition) 접근과 학문간 융합-인지과학 새 패러다임과 철학의 연결이 주는 시사". ≪철학사상≫, 38권, 27-66.

이종혁 외(2021). "행위자-네트워크 이론으로 본 과학적 실행의 교육적 함의". ≪교과교육학연구≫, 25권, 133-150.

임상훈 외(2022). "행위자네트워크이론에 기반한 지식생태학의 개념적 확장". ≪교육정보미디어연구≫, 28권 2호, 245-271.

Blok A. & Jensen E. T.(2011). *Bruno Latour: Hybrid Thoughts in a Hybrid World.* Routledge. 황장진 옮김(2017). 『처음으로 읽는 브뤼노 라투르』, 사월의책.

Latour B.(1987). *Science in Action.* Harvard University Press. 황희숙 옮김(2016). 『젊은 과학의 전선: 테크노사이언스와 행위자-연결망의 구축』, 아카넷.

McLuhan, M. & Gordon, T.(2003). *Understanding Media: The Extensions of Man.* Gingko Press. 김상호 옮김(2011). 『미디어의 이해: 인간의 확장』. 커뮤니케이션북스.

## 07
## 생성되는 모든 것이 지식일 수 없는 이유

인공지능을 사용한 학습에 관해 부정행위라는 인식이 있다. 실제 처벌 사례도 있다.
당사자들은 억울함을 호소하지만 기존 총괄 평가 중심, 결과 평가 중심의 교육 시스템에서는 의심의 여지를 완전히 거두기 어렵다.
인공지능을 사용해서 생성한 결과물을 무작정 지식이라 인정할 수 없는 이유를 동일성의 해체, 성찰과 리터러시 확인의 어려움이라는 관점을 통해 이해해 볼 수 있다.

AI와 윤동주?

## 인공지능 부정행위(AI plagiarism)?

실제로 인간 학습자가 인공지능을 통해 학습했을 때 발생할 수 있는 쟁점은 무엇이 있을까? 우선 상식적으로 생각해 볼 수 있는 이슈는 부정행위다. 검색 엔진에서 "인공지능 + 부정행위"로 검색하면 생성형 인공지능을 사용한 과제 및 시험에서의 부정행위와 이로 인한 교육 당국의 고민, 조치, 분쟁 등의 사례가 쏟아져 나온다. 그래서 다수의 대학 및 교육기관에서 과제 및 시험에서의 생성형 인공지능 사용을 원천 금지하는 사례도 늘어나고 있다. 하지만 인공지능을 활용한 학습에서 부정행위 이슈는 그리 단순하지 않다.

예를 들어 외국인 유학생 학습자의 사례를 생각해 볼 수 있다. 외국인 유학생의 경우 전공하고 있는 영역의 내용 학습과 더불어 모국어가 아닌 외국어에 대한 이중의 학습 부담을 지게 된다. 그래서 좋은 통찰과 깊은 사고력을 가지고 있어도 그것을 충분하고 유려하게 풀어내지 못해서 정당한 평가를 받지 못할 수 있다. 그런데 영어 문법을 검토하고 수정을 도와주는 인공지능 그래머리(Grammarly)를 포함해서 지금은 아예 문장 자체를 생성하고, 기존 문장을 다듬어 주는 인공지능의 기능이 인간의 글쓰기 역량을 넘어설 만큼 발달해 있다. 이런 상황에서 다수의 외국인 유학생은 모국어로 과제를 수행하고 이를 다시 생성형 인공지능이나 다양한 번역 인공지능을 활용해 유학 당사국의 언어로 번역해서 제출하는 사례가 실제로 있다(박남기, 2023.6.21).

물론 유학생에게 언어를 학습하는 것 또한 중요한 책임의 영역이지만, 영어 중심의 학술 언어 권력화 현상과 기계 번역의 보편화 경향을 고려할 때 학습 결과물의 내용에 포함된 핵심 아이디어가 학습자에게 있다는 사실에 중점을 두고 인공지능을 보조 도구로 사용하는 것을 허용하는 것이 정말로 문제인가는 논쟁의 여지가 있다. 실제로 미국 북조지아(North Georgia)대학의 한 학생은 문장 교정을 도와주는 확장 프로그램인 그래머리를 사용했다가 학교 당국으로부터 학사경고 처분을 받았는데, 표절 검사기 프로그램의 검사 결과에 대해 학생이 반발하면서 논란이 된 바 있다(Settembre, 2024.2.21).

이와 유사한 논쟁은 예술 분야에서 이미 불붙은 바 있다. 대표적으로 2022년 콜로라도 주립 박람회(Colorado State Fair) 디지털 아트 부문에서 '스페이스 오페라 극장(Theatre D'opera Spatial)'이라는 제목의 작품이 부문 1등을 차지했는데 해당 작품이 이미지 생성 인공지능인 미드저니(Midjourney)를 사용해서 창작되었다는 것이

알려지면서 논란이 일었다. 출품자는 온전히 프롬프트만으로 출품작을 완성했는데, 이에 대해 온라인에서는 예술에 대한 모독이라는 등의 비난이 거세게 일었다. 하지만 출품자 본인은 자신이 '원하는' 그림을 만들어 내기(생성해 내기) 위해 80시간 정도를 들여서 계속해서 프롬프트를 수정했다고 해명했는데, 이후 출품자의 그러한 시간과 노력이 실제로 그림을 그리는 예술 행위와 본질적으로 무엇이 다른가라는 논쟁이 이어졌다(김민, 2022.9.5). 즉, 세간의 비난과 달리 정말로 몇 초 만에 그림을 생성해서 제출한 것이 아니고 지속적인 평가와 수정 작업을 거쳤다는 것인데, 다만 그 과정이 익히 알고 있는 디지털 저작 도구나 페인팅의 개념과 맞지 않아서 문제가 된 것이다.

## 결과 중심 평가, 동일성의 해체

이와 같은 문제의 핵심은 무엇일까? 그것은 '행위의 결과물과 행위 주체의 동일성'을 신뢰할 수 없게 된 것이라고 말할 수 있다. 미술 대회는 물론이고 학교의 과제 또는 시험 등에서 제출 결과물은 제출자의 정신적 노력과 인격이 반영된 것으로 '결과물 = 제출자'라는 등식이 성립하기 때문에 결과물을 통해 제출자의 정신적 노력과 과정을 평가할 수 있었다. 그런데 생성형 인공지능의 등장으로 결과물을 만들어 내는 행위와 과정 자체에 인공지능이 기여하게 되면서(심한 경우 인공지능에 전적으로 의존하게 되면서) 결과물을 더는 제출자의 인격과 동일시할 수 없게 된 것이다. 만약 학습자가 모종의 기술적 도구의 도움을 참고하고 '결과물을 만드는 행위' 자체는 본인의 노력만으로 수행했다면 사전이나 참고자료를 통해 공부하고 주체적으로 결과물을 만든 것과 같다고 이해할 수 있다. 검색 행위 대부분이 이런 사례에 해당한다. 이 경우에는 타인의 지적 결과물을 그대로 베끼는 표절이 아니라면 오히려 능동적 학습이라고 평가될 수도 있다. 그런데 문제는 결과물을 만드는 그 행위, 즉 산출/생성 행위 자체를 대리할 수 있는 인공적인 지능이 등장했고, 아직 학습 평가 체계나 인공지능 사용 필터링 기술은 충분히 발달하거나 개발되지 않았다는 데 있다.

이러한 상황 때문에 인공지능을 통해 만든 지식을 현재로서는 정당한 학습의 결과물로서의 지식으로 인정하기 어려운 것이다.

## 결과 중심 평가, 학습자의 성찰과 리터러시 확인의 어려움

학습자가 인공지능을 통해 생성한 모든 것을 지식이라고 말하기 어렵고, 그러한 활동을 모두 학습이라고 하기 어려운 두 번째 이유는 성찰과 리터러시의 문제에 있다.

학습이론에 따라 학습에는 다양한 정의가 있다. 그런데 현대 학습이론에서 다수의 연구자가 동의하는 것은 학습의 형태와 방법론이 무엇이든 거기에 학습자의 성찰(혹은 메타인지)이 빠질 수 없다는 것이다(윤지영 · 온정덕, 2022). 성찰은 전문성의 획득과 향상 관련 연구에서도 중요성이 인정되고 있으며 사실상 학습 활동의 핵심을 이루는 것이라고 볼 수 있다(Schon, 1984).

그런데 인공지능을 사용해서 학습자가 제출한 '결과물'로는 학습자의 성찰이 무엇인지 확인하기 어렵다. 앞서 논의한 동일성의 전제가 유효하던 시절에는 결과물의 수월성, 완성도, 참신함 등을 통해 학습자의 성찰 내용과 수준을 유추하고 평가할 수 있었다. 하지만 그러한 동일성을 자연스럽게 전제할 수 없게 된 지금은 '결과물'만으로는 누구의 성찰인지, 즉 인간 학습자의 성찰인지, 인공지능의 놀랍지만 자각 없는 수행의 결과인지 가려내기 힘들어진 것이다.

이것을 가려낼 수 없다면 학습자가 '성찰'을 핵심으로 하는 '학습'을 실제로 했다고 볼 수 있는지도 판단하기 어려워진다. 전향적으로 생각해서 모종의 결과물 생성에서 학습자의 프롬프트 입력 외 모든 것을 인공지능이 수행했다고 하더라도 그 과정에서 학습자의 지속적인 성찰과 개입이 있었다면 학습의 본질적 의미에 비추어 이러한 행위를 학습이라고 간주할 수도 있을 것이다. 하지만 이러한 평가는 과정에 대한 기록 전체를 확인하는 것을 통해서만 판단할 수 있다.

여기에 더해 제출한 결과물이 매우 뛰어나다고 했을 때, 그것이 인공지능에 의해 우연히 도출된 결과물인지, 인공지능 생성물에 대한 학습자의 평가와 개입을 통해 의도를 가지고 '선별'한 것인지에 대해서도 알 수 없다는 문제가 있다.

예를 들어 학습자가 멋진 이미지를 만드는 작업을 인공지능을 사용해서 수행했다고 할 때, 학습자는 인공지능의 생성물이 멋지다는 것을 어떻게 판단할까? 사실상 이것을 판단하기 위해서는 이미 학습자 스스로 멋짐의 기준, 멋짐을 구현하기 위한 방법론에 대해 경험적, 이론적 지식이 있어야 한다(전혜정, 2024.4.22). 이를 리터러시라고 하는데, 인공지능을 활용한 결과물만으로는 학습자가 학습의 과정에서 리터러시를 발휘했는지, 본인의 리터러시에 어떤 변화가 있었는지 등을 알 수 없다. 인공지능의 랜덤 생성 결과물 중 그야말로 느낌적 느낌으로 좋아 보이는 것을 선택했을 수도 있는 것이다.

정리하면 학습자가 인공지능을 사용해 생성한 것은 그 자체로는 교육학적으로 유의미한 지식이라고 간주하기 어렵고, 그러한 것을 생성해 내는 과정을 학습이라고 인정하기 어렵다. 즉, 학습과 지식에 대한 새로운 인정 체계의 개발이 요구되는 상황이라고 볼 수 있다.

## 참고문헌

김민(2022.9.5). 美 미술 공모전서 AI가 그린 그림이 1등상 받아 논란 "예술의 죽음" vs "AI도 사람이 작동". 동아일보.
https://www.donga.com/news/Inter/article/all/20220905/115301579/1

박남기(2023.6.21). 생성AI 활용한 보고서 부정행위 줄이는 법-(1). EduPress.
http://www.edupress.kr/news/articleView.html?idxno=10512

윤지영 · 온정덕(2022). "학습에서의 성찰 개념 및 교육과정에의 적용 방안 고찰". ≪교육과정연구≫, 40권 1호, 1-27.

전혜정(2024.4.22). [제266호 인문학술: 인공지능 예술] 인공지능 시대 우리의 처세. 경희대학교 대학원보.
https://khugnews.co.kr/?p=5935

Schon, D.(1984). *The Reflective Practitioner: How Professionals Think In Action.* Basic Books. 배을규 옮김(2018). 『전문가의 조건』. 박영스토리.

Settembre, J.(2024.2.21). College student put on academic probation for using Grammarly: 'AI violation'. Newyork Post. https://nypost.com/2024/02/21/tech/student-put-on-probation-for-using-grammarly-ai-violation/

# 08
# 의미 있는 지식의 조건으로서의 협업 규범

클래식 명곡 100선에 오른 음악은 좋은 음악일까. 그것이 나에게도 좋은 음악일까. 평가를 위해서는 판단의 맥락 설정이 필요하다. 누구에게 어떤 상황에서 듣는 음악인가와 같은 맥락을 통해 좋고 아니고의 평가가 가능해진다. 생성되는 모든 것이 지식이 아니라고 할 때 의미 있는 지식의 조건은 인간과 인공지능이 협업하는 맥락으로서의 협업 규범이 될 것이다.

AI와 한의학?

## 인간을 대체하는 인공지능에 대한 불만

2023년 미국의 대표적 SNS 레딧에는 한 게임 그래픽 회사 디자이너가 인공지능에 대한 불만과 자신의 처지에 대한 서글픔을 토로한 포스팅이 올라왔다(Sternsafari, 2023). 대표적인 이미지 생성 AI인 미드저니로 인해 자신이 사랑했던 직업을 떠나려고 한다는 내용의 글이었다. 글의 요지는 생성형 인공지능의 이미지 생성 능력이 너무 빨리 발전하면서 아티스트였던 자신의 고유한 역할이 인공지능의 '생성'을 돕는 프롬프트 입력자로 바뀌었다는 것에 대한 슬픔이었다.

인공지능은 인간과 마찬가지로 학습에는 오랜 시간이 걸리지만 학습 결과의 적용에는 인간과 비교할 수 없는 속도의 우위를 가진다. 그리고 지금의 인공지능은 웹/앱 네트워크를 통해 한번 학습한 내용을 수많은 사람이 사용할 수 있도록 한다는 점에서 속도뿐 아니라 확산성에서도 큰 경쟁력을 가지고 있다. 그럼 앞의 그래픽 디자이너 사례를 반면교사 삼아 그림을 그리거나 회화에 관해 학습하는 것이 필요 없다고 말할 수 있을까?

## 인간-인공지능, 켄타우로스 팀

1997년 IBM의 인공지능인 딥블루는 체스 세계 챔피언이었던 카스파로프(Garry Kasparov)와 체스 대결을 펼쳤다. 결과는 딥블루의 승리였다(Kasparov, G., 2017). 2016년에는 구글의 인공지능 알파고와 이세돌이 바둑 대국을 펼쳤고 결과는 알파고의 승리였다. 인공지능이 인간을 넘어설 때마다 더는 인간의 자리가 없다는 불안이 확산되었다. 딥블루가 체스 세계 챔피언을 이긴 지 27년이 지난 지금 인간은 체스를 두지 않을까? 이제는 바둑을 공부하는 사람이 사라졌을까? 그렇지 않다.

실제로 딥블루 이후 인간은 일대일 체스 경기로는 인공지능을 이기지 못하고 있다. 그런데 현재 가장 뛰어난 체스 플레이어는 인공지능이 아니다. 현재 가장 뛰어난 체스 실력을 보이는 것은 인간-인공지능 협력팀 플레이어다. 이를 '어드밴스드 체스(Advanced chess)'라고 하는데, 사이보그 체스(cyborg chess) 또는 켄타우로스 체스(Centaur chess)라고도 한다. 인간과 인공지능이 한 팀을 이루어 게임을 하는 방식이 반인반수 켄타우로스와 같다는 의미다. 인간-인공지능 협력팀이라고 하면 무언가 반칙 같은 느낌이 들 수도 있다. 정정당당한 승부가 맞는가 하는 의문이다. 하지만 어드밴스드 체스는 승부에서 이기는 것 외에 중요한 목적을 가진다. 이 경기 방식은 딥블루와 대결했던 그랜드마스터 카스파로프가

처음 도입했는데, 다음과 같은 목적을 위해 수행된다(Wikipedia).

- 체스에서 볼 수 없었던 수준으로 플레이 수준을 높이고
- 완벽한 전술 플레이와 매우 의미 있는 전략 계획의 자질과 아름다움을 모두 갖춘 실수 없는 게임을 만들며
- 강력한 인간 체스 플레이어와 강력한 체스 컴퓨터의 정신 과정과 그 힘의 조합에 대한 개요를 대중에게 제공한다.

어드밴스드 체스의 사례를 보면 승부에서 이기는 것을 목적으로 하는 것이 아닌 다른 목적을 위해 체스가 존재할 수 있음을 알 수 있다. 이는 체스 외의 사례에도 적용될 수 있다. 즉, 인공지능이 이미지 생성, 프로그램 코드 짜기, 작곡, 영상 제작, 글쓰기, 의학 및 법률 자료 분석 등 많은 분야에서 인간 이상의 능력을 보여 주지만 여전히 해당 분야의 비용 효율 향상 외 해당 분야 자체의 발전을 위해 인간의 활동이 존재할 수 있음을 시사한다. 물론 노동 시장에서 인건비 등의 현실적 문제를 고려하면 비용 효율 개선을 위해 노동의 많은 부분이 인공지능으로 대체될 가능성이 있다. 하지만 인간의 활동에는 생산성이나 비용 효율로 평가되는 노동 외에도 많은 것이

있으며 학습은 대표적으로 생산성 논리와는 다른 차원의 의미와 가치가 적용되는 영역이다. 오히려 학습의 맥락에서 보면 승부 중심의 고전적인 체스 경기보다 어드밴스드 체스가 목표로 제시하는 바가 인간의 학습 활동이 가져야 할 목표에 더 근접한다는 것을 알 수 있다.

## 협업 규범을 통한 인간-인공지능의 관계 설정

노동이 아닌 학습의 차원에서 인간이 인공지능과 관계 맺는다는 것의 구체적 내용은 무엇일까? 국내 사례 중에는 인공지능을 통한 시 쓰기 실험의 사례가 이에 대한 시사점을 제공해 준다.

권보연(2023)은 인공지능과 함께 시 쓰기를 시도하는 프로젝트를 수행하면서 인공지능 시대에 시를 '결과로서의 언어'가 아닌 '과정의 언어'로 사고하는 것이 필요하다고 제안한 바 있다. 권보연이 과정의 언어를 실제로 구현하는 방식은 미적 지향이 담긴 '개념'과 '수행 절차'로 요약될 수 있는데 이는 선언문(statement), 프롬프트와 설정(prompt & setting), 규칙(rule), 지정데이터베이스(specific database) 등으로 구성된다.

간략하게 각각에 대해 살펴보면 선언문은 창작자의 미적 지향, 의도의 타당성 등을 공개하는 것이다. 이는 학습 맥락에서 보면 학습자의 학습 의도이자 성찰의 준거를 설정하는 것과 유사하다. 다음으로 실제로 인공지능을 작동시키는 프롬프트와 설정이 있다. 이는 익히 알고 있는 프롬프팅으로 이해할 수 있다. 과정의 언어로서 시 쓰기의 흥미로운 점은 규칙과 지정데이터베이스에서 더 분명하게 나타난다. 규칙은 인공지능을 사용하는 인간의 행동을 규제하기 위해 사전에 정한 약속이라고 할 수 있다. 예를 들어 프롬프트를 입력하는 횟수를 일정하게 제한하는 것 등이 있다. 이러한 규칙이 없다면 인간 사용자는 더 나은 결과물을 만들기 위해 계속해서 인공지능에게 생성을 반복하게 할 소지가 있는데, 이는 앞서 논의한 노동의 관점, 생산성의 관점으로 회귀하는 것이다. 결과물 평가라면 완성도를 높이기 위한 반복 수행이 의미가 있을 수 있지만 과정에 중점을 둔 평가라면 무한정의 반복 수행은 그 자체로는 학습적으로 본질적 의미가 있다고 하기 어렵다. 마지막으로 지정데이터베이스는 창작자라는 구체적 인간의 의도를 더 분명하게 드러내기 위해 창작자의 의도를 반영하는 구체적 데이터를 통해 인공지능을 구동하는 것을 뜻한다.

그렇다면 선언문, 프롬프트와 설정, 규칙, 지정데이터베이스를 통해 발생하는 것은 무엇일까? 그것은 인간과 인공지능의 '관계'라고 할 수 있다. 위와 같은 '조치'들, 과정의 언어를 만들기 위한 환경 설정과 실천은 인공지능의 '무한성과 잠재 능력의 극대치'를 지향하는 것이 아니라 인공지능이 인간에게 '무엇이 되어야 하는지'를 규정하는 '관계 설정'에 지향을 두는 것이다. 좋은 음악의 예로 이를 쉽게 이해해 보자. '좋은 음악'이라는 개념 자체는 일종의 텅 빈 개념이다. 누구에게, 어떤 상황에서 좋은 음악이냐 하는 맥락이 설정되어야 좋은 음악을 판단할 수 있게 된다. 마찬가지로 인간-인공지능의 관계에 대한 규범적 접근을 통해 막연히 높아진 완성도가 아니라, 어떤 맥락에서 어떻게 생성된 결과물인지에 대한 판단의 영역을 창출할 수 있다.

이와 같은 관계 설정이 없다면 작업의 출발은 있을 수 있지만 과정의 지속은 있을 수 없다. 과정이 지속되지 않는 이유로 권보연은 무감각함을 지적하는데, 무감각함의 원인으로 '나와 아무런 관계가 없는 것 같은 느낌', 즉 인공지능 생성물을 '관계의 무게가 실리지 않은 기호의 나열'로 인식하게 되기 때문이라고 말한다. 이는 인공지능의 특징 중 자각 없는 수행과도 연결되는 현상이며, '클래식 명곡 100선 리스트'에 올라온 음악이 그 자체로 나에게 의미화되는 것은 아닌 것과 같은 상황이다. 즉,

인간이 인공지능을 활용해서 의미 있는 어떤 활동을 하는 경우 생성물이 그저 기계 알고리즘을 통해 산출되고 그중 좋아 보이는 것을 인간이 선택하는 것을 넘어서 인간에게 의미 있는 것이 되기 위한 '의미 형성 맥락'을 만들어야 한다. 이렇게 만들어진 맥락, 또는 관계가 의미를 출현시키고 인간-인공지능 네트워크에서 인간의 활동 영역도 만들게 된다. 즉, 규칙을 만들고 제한을 두는 것은 인공지능의 생성 자체의 반복이 주는 '무관함'에 저항하고 협력 활동의 과정과 결과 모두를 '관계'에 결부시키는 하나의 실천이다.

정리하면 인공지능의 방향 없는 무한 '속력'을 방향 있는 '속도'로 바꾸는 작업이 중요하며, 이 지점에서 인공지능의 무한성 자체의 극대화가 학습의 목적이 될 수 없는 이유가 발생한다. 즉 학습자는 인공지능과의 관계 안에서 '방향 있는' 협력을 만들기 위한 선택과 책임의 주체가 된다. 실제로 규칙은 규칙을 준수하는 인간을 통해 의미가 실현되는 영역인데, 이것이 인공지능 시대의 창작 윤리, 혹은 학습자 윤리의 기초라고 할 수 있다. 과정이 삭제되고 관계를 유추할 수 없는 성과만을 제시하는 것이 아니라 관계를 인식하게 하고 과정에 책임을 지는 방식이 창작자의 윤리인 것이고, 이에 빗대어 학습자의 윤리를 생각해 볼 수 있다. 권보연은 같은 맥락에서 '시처럼 생긴 텍스트'가 아니라 '시로 작동하는 텍스트'에 주목하는데, 시로 작동하게 하는 것이 무엇인지를 생각해 보는 것이 학습자에게는 중요한 과제가 된다.

## 참고문헌

권보연(2023). "결과 너머 분학기계로서의 AI: 생성언어비평의 대상에 관하여". ≪다문화콘텐츠연구≫, 46권, 37-59.

Kasparov, G.(2017). *Deep Thinking: Where Machine Intelligence Ends and Human Creativity Begins.* PublicAffairs. 박세연 옮김(2017). 『딥씽킹 – 인공지능 시대, 인간의 위대함은 어디서 오는가?』. 어크로스.

Sternsafari(2023). I lost everything that made me love my job through Midjourney over night. Reddit. https://old.reddit.com/r/blender/comments/121lhfq/i_lost_everything_that_made_me_love_my_job/

Wikipedia. Advanced chess. https://en.wikipedia.org/wiki/Advanced_chess

09

# 프롬프트 엔지니어링을 넘어

프롬프트 엔지니어링은 도구 사용법이라 할 수 있다. 새로운 기술이 개발되고 그 기술을 사용하는 방법을 익히는 것은 학습적으로 의미가 있다. 하지만 학습은 학습 도구가 인간 학습자의 독창성에 대한 추구와 만나는 접점에서 발생한다. 프롬프트 엔지니어링 무용론과 만능론을 넘어서기 위한 과도기 학습자의 과제는 무엇일까.

AI와 화장품?

## 코딩과 프롬프트 엔지니어링을 배워야 할까

2016년 인공지능 충격이 세계를 흔들었던 알파고의 등장으로 한동안 언론과 교육계에서는 코딩 교육의 필요성을 강조하는 논의가 범람했고 사교육 영역에서도 코딩 열풍이 불었다. 그 후 7년이 지나 챗지피티가 등장한 두 번째 충격 이후 유튜브 및 각종 민간 아카데미 등의 교육 시장에서는 '프롬프트 엔지니어링'이라는 용어가 유행하고 있다.

코딩 혹은 프롬프트 엔지니어링이 현재 쓸모가 있는지, 앞으로도 쓸모가 있을지 쉽게 예측할 수 없다. 전자책(e-book)의 등장으로 종이책의 시대가 종말을 고할 것이라는 예측이 많았지만 동영상과 온디맨드(on-demand) 중심의 더 큰 디지털 생태계 변화 속에서 오히려 종이책은 매니아 시장의 소장품 방식으로 살아남고 전자책은 독서 인구 자체의 감소 속에서 기대보다 영역을 넓히지 못했다. 즉, 기술 변화에 의한 사회 변화 예측은 지금과 같은 복잡한 사회에서 간단한 일이 아니다. 그렇다면 과열 양상을 보이는 인공지능 프롬프트 엔지니어링에 대한 강조를 무시하고 기존 학습과 역량에 기대어 살아도 괜찮은 것일까?

## 효율성 도구로서의 인공지능에 대한 이해

인간은 한때 사냥을 통해 식량을 구했다. 하지만 지금은 교육 과정에서 사냥법을 학습하지 않는다. 식량을 생산하는 방식이 사냥에서 농축수산업으로 바뀌었기 때문이다. 근대화된 국가와 도시 시스템을 기준으로 본다면 인간의 활동에서 생존을 위한 사냥은 사실상 없다고 볼 수 있다. 이에 비추어 던져 볼 수 있는 질문은, 농축수산업이 사냥을 대체한 것처럼 현재의 인공지능이 기존 인간 학습 활동과 지식 생산을 전적으로 대체하는 시대가 되었는가다. 먼 미래에는 어떨지 모르지만 근미래에서 이러한 일은 일어나기 쉽지 않다.

기술철학자 시몽동(Gilbert Simondon)의 논의에 따르면 '관계의 구조'가 만들어져야지만 관계가 가시화된다(김재희, 2013). 예를 들어 비행기가 하늘을 날 수 있다는 사실만으로 항공 산업이 성립하지는 않는다. 항공 산업이 성립하려면 항로에 대한 국제적 합의와 규정, 비행 안전에 대한 각종 시험과 점검 절차, 국경 이동에 대한 출입국 및 통관 절차 등의 규범이 확립되어야 한다. 이는 사실상 거의 모든 기술에 적용될 수 있다. 즉, 날 수 있는 비행기가 막 출현한 것처럼 인공지능이 놀라운 능력을 보인다는 사실 자체가 인간의 지식과 학습을 바꾸는 것은 아니다. 실제로 인공지능이 인간과의 네트워크 속에서 지식과 학습의 유의미한 행위자가 되는 것은 인간과 인공지능의 협업에 대한 규범, 관계의 규범을 통해서다. 다르게 말하면 지식으로 인정이 되는 것에는 지식을 지식으로 평가하는 제도를 포함한 규범, 배치물의 영향이 있는데 ANT 이론가인 라투르는 이에 대해 "결국 해석은 항상 힘들의 배열에 의해 안정화된다"라고 표현한 바 있다(Harman, 2009 재인용). 이를 통해 알 수 있는 것은, 지식은 어떤 것을 지식으로 해석하는 규범 체계의 산물이라는 것이다. 이러한 규범 체계가 상당한 수준으로 확립되고 전 사회적으로 수용되어 안정화되기까지는 긴 시간이 걸릴 것이다. 즉, 아직 인공지능은 사냥의 대체물로서의 농경에 버금가는 실제성을 가진다고 보기는 어렵다.

그런데 농축수산업은 그 자체의 역사에서 효율성, 생산성 혁신을 꾸준히 이뤄 왔다. 인간의 힘에 대한 순수한 의존에서 기계의 힘으로, 전기로, 디지털 기반의 스마트 시스템으로 변화와 개선이 이뤄진 것이다. 현재 시점에서 인공지능은 바로 이런 효율성, 생생산 혁신의 의미가 있다고 볼 수 있다. 즉, 이미 존재하고 있는 산업, 사회 시스템의 효율성과 생산성을 높이는 수단으로 인공지능이 쓰이는 것이다.

이는 대학원에서 방법론에 대한 학습에 비유해서 이해할 수 있다. 대학원에서 연구자로 훈련받는 과정은 크게 방법론에 대한 이해와 독창적 연구 주제의 발견이라는 두 영역으로 나눌 수 있다. 인공지능은 여기에서 방법론에 포함되는 도구라고 할 수 있는데, 인간 학습자가 톺아보고 싶은 주제와 내용이 없다면 도구로서의 인공지능 자체는 큰 효용을 만들지 못한다. 앞서 논의한 코딩 열풍, 프롬프트 엔지니어링에 대한 강조는 방법론의 학습과 비슷한 의미가 있는데, 인공지능은 방법론 영역에서 놀라운 생산성과 효율화라는 혁신을 만들고 있어서 분명히 학습할 가치가 있다. 다만 그것으로 연구 전체가 성립하는 것이 아니며, 수레의 두 바퀴처럼 방법론의 혁신과 세련됨이 적용될 독창적 주제와 내용이 있어야 하는데, 이 부분은 쉽게 효율화의 대상이 되지 못한다. 즉, 새로운 디지털 기술에 대한 학습 열풍이 무의미한 것은 아니지만 그것이 주는 의미가 학습 전체를 대체할 것이라고 오해해서는 안 되며, 특정 기능에서의 생산성 향상, 효율화 도구라는 차원에서 제한적으로 이해할 필요가 있다.

## 과도기 학습자의 과제

인공지능이 자각 없는 수행 기계를 넘어 '스스로' 무언가를 생성해 내는 능동적 기술 존재가 되는 시대가 되면 인간의 지식과 학습은 완전하게 다른 의미가 될 것이다. 마치 인간은 아니지만 독립적인 지성적 존재와 실제로 공존하게 되는 상황이라고 볼 수 있다. 하지만 당분간은 인공지능이 인간의 지식 생산과 학습에서 무엇이 될 수 있는지에 관해 탐색하고 안정화되어 가는 과도기가 지속될 것이라고 예상해 보는 것이 합리적이다.

이러한 과도기에 학습자는 부득이 두 가지 과제를 가진다. 하나는 새롭게 출현하는 생산성 도구인 인공지능의 특징을 이해하고, 그것의 사용법을 익히고, 그것과 실질적인 관계 맺기로서의 활동을 시도하는 것이다. 일종의 인공지능 리터러시 학습, 인공지능 윤리 학습, 인공지능 협력 학습이라고 할 수 있다. 앞서의 코딩, 프롬프트 엔지니어링도 이 영역의 학습에 포함될 수 있다.

이와 동시에 인간 학습자에게는 생성물을 평가할 수 있는 감식안에 대한 학습이 요구된다. 그런데 이 부분은 새롭게 출현한 학습 영역이라기보다는 지금까지 인간이 수행해 온 학습 활동과 일치하는 영역이다. 이미지 생성을 예로 들면 '미'의 의미에 대한 이해, 아름다움을 보여 주는 작품이 인간과 상호작용하는 방식, 그러한 작품이 만들어지는 절차, 제한 조건 등에 대한 예술적 이해가 여전히 필요한 것이다(전혜정, 2024.4.22). 이러한 감식안이 없어도 인간은 인공지능을 이용해서 '무언가'를 생산할 수는 있다. 그런데 그렇게 생산한 것이 어떤 '의미'를 가지는지는 답하기 어렵다. 인공지능의 산출물에 대한 '선택' 행위의 이유, 기준을 스스로 설명할 수 없기 때문이다. 마치 인공지능을 통해 블로그 게시물 수천 개를 단시간에 만들 수 있지만, 그것이 온라인 생태계와 광고 생태계를 교란하는 것 외에 창작하고 학습하는 인간으로서 어떤 의미가 있는지 설명하기 어려운 것과 마찬가지 상황이다.

인공지능을 사용한 학습과 지식 생산이 보편화되는 시기에는 이전 시대의 인간 학습을 통해 형성했던 감식안의 의미가 퇴색될 수도 있다. 산업시대의 생산물을 농경시대의 감식안으로 평가할 수 없는 것과 마찬가지다. 하지만 과도기를 살아가는 지금의 학습자는 아직 규명되지 않은 존재에게서 촉발되는 미래에 대한 대응과 안정화된 규범과 시스템이라는 과거의 발 받침 모두에 발을 올려놓아야 한다.

## 참고문헌

김재희(2013). "질베르 시몽동에서 기술과 존재". ≪현상학과 현대철학≫, 56권, 175-206.

전혜정(2024.4.22). [제266호 인문학술: 인공지능 예술] 인공지능 시대 우리의 처세. 경희대학교 대학원보. https://khugnews.co.kr/?p=5935

Harman, G.(2009). *Prince of Networks: Bruno Latour and Metaphysics*. re.press. 김효진 옮김(2019). 『네트워크의 군주 - 브뤼노 라투르와 객체지향 철학』. 갈무리.

# 10
# 여전히 남겨지는 질문들

인공지능은 이제 익명의 기술이 아닌 이름을 얻어 가는 과정에 있다. 캐릭터 인공지능, 개인화된 인공지능이 그러한 시도다. 특히 온디바이스 생성인공지능이 산업계의 핵심 화두가 되면서 나를 대신하거나 나를 가장 잘 아는 인공 기술적 존재의 출현 가능성이 높아지고 있다. 이러한 변화 속에서 인공지능과 인간의 관계에 대해 더 생각해 볼 질문과 가능성의 영역은 무엇일까.

종교와 AI?

## 엘리자 효과(ELIZA effect)와 캐릭터 인공지능

2024년 현재까지의 인공지능에는 자의식이 없다. 하지만 캐릭터가 없는 것은 아니다. 상용화된 인공지능 서비스 중에는 캐릭터AI 서비스라고 불리는 것이 상당히 많다. 국내 인공지능 스타트업인 뤼튼테크놀로지스의 '뤼튼'은 '캐릭터 챗'이라는 서비스를 제공하고 있는데, 여기에서는 다양한 '성격'과 '특징'을 가진 가상 인격의 인공지능과 대화할 수 있다. 소위 파운데이션(foundation) 모델이라 불리는 거대언어모델을 기반으로 특정 캐릭터를 가질 수 있도록 미세조정(fine tuning)한 것이다. 이러한 캐릭터 인공지능은 인간 사용자에게 친숙함을 주기에 유리하지만 왜곡된 관계 집착의 대상이 될 위험성도 가지고 있다.

1960년대에 MIT에서는 엘리자(ELIZA)라는 챗봇을 개발해서 연구한 바 있다. 엘리자의 작동 방식은 매우 단순한데, 인간 사용자가 질문하면 인간 사용자의 말을 다시 의문문 형태로 되묻는 방식이다. 예를 들어 "오늘 기분이 별로야"라고 하면 "왜 기분이 별로인가요?"와 같이 응답한다. MIT의 연구원들은 당연히 이러한 작동 방식에 대해 잘 알고 있었지만 시간이 지날수록 엘리자를 점점

의인화하여 대하는 현상이 나타났다. 그다지 뛰어난 챗봇이 아닌 알고리즘에도 인간은 충분히 투사(projection)할 수 있다는 사실을 잘 보여 준 사건이다(Wikipedia). 좀 더 최근으로 오면 일본에서도 비슷한 일이 있었다. 로봇 반려견인 아이보(Aibo)의 장례식이 그것이다. 아이보는 소니에서 만든 반려견 로봇인데, 아이보와 함께 시간을 보낸 아이보의 주인들은 작동이 멈춘 기계 반려견의 합동 장례식을 추진했다. 최초의 아이보 장례식은 2015년 1월에 있었고 그 이후에도 꾸준히 합동 장례식이 열리고 있다(김진우, 2017.6.12). 어떤 아이보의 주인은 죽은(멈춘) 아이보의 장기(부품)를 다른 아이보에게 이식(교체)해 주면서 아이보의 영원한 삶을 기원하기도 했다.

위 사례는 인간의 뛰어난 투사 능력을 보여 준다. 여기에 캐릭터 인공지능이 결합하면 관계의 강도는 대단히 높아질 수 있다. 영화 <그녀(HER)>가 보여 주는 장면이 더는 허구가 아닌 상황이 도래하는 것이다. 이러한 캐릭터 인공지능은 아이돌 산업 등에서 특히 부가가치가 높아서 투자도 많이 이뤄지고 있고 그 흐름을 되돌리기도 어려워 보인다. 게다가 캐릭터 인공지능은 실제 인간과 달리 사용자에게 짜증을 내지도 않는 '편리한' 존재다. 소위 휴먼포비아(humanphobia)가 만연하고 있는 지금의 사회에서 인간이 맺고 있는 관계의 중심이 어떻게 변화할지, 특히 청소년을 비롯한 학습자들, 디지털 네이티브에게서 어떤 현상이 일어날지에 대해서 유의해서 살펴보고 윤리적으로 개입할 필요가 있는 것이다.

## 나 같은 나, 에이전트 인공지능

캐릭터 인공지능이 타인으로서 사람 같은 투사의 대상이라면, 에이전트 인공지능은 누구보다 나를 잘 알고 심지어 나를 어느 정도 대신해 줄 수 있는 자아의 유사물로서의 인공지능을 뜻한다(티타임즈). 지금은 스마트폰은 물론이고 냉장고에도 인공지능 기능이 추가되고, TV, 세탁기, 조리 도구, 자동차, 냉난방기 등 디지털 기반의 모든 기기에 인공지능 기능이 탑재되는 추세로 가고 있다. 인간은 이렇게 지능화된 도구 환경 안에서 자기 자신을 학습 데이터로 제공하면서 자신에게 최적화된 삶을 구축하고 있다. 그런데 인간과 인공지능의 이러한 상호작용까지도 대리해 주는 인공지능이 등장할 가능성이 커지고 있다. 즉, 나 자신을 학습 데이터로 활용해 나에 대해 높은 이해도를 가진 인공지능이 만들어지고, 그 인공지능이 나를 대신해서 모든 디지털 환경과 상호작용하고, 나를 대신해서 숙제하고, 나를 대신해서 필요한 사람에게 메일을 보내는 등의 일이 일어날 수 있다. 디지털 비서가 아니라 '디지털 유사 자아'인 셈이다. 이를 '에이전트 인공지능'이라 한다. 최근 애플에서는 오픈AI와 합작한 '애플 인텔리전스'를 발표했는데, 핵심은 아이폰 사용자에게 최적화된 에이전트 만들기와 그 에이전트를 이용한 극도의 스마트 라이프를 추구하는 것에 있다(Wikipedia).

이러한 상황이 높은 편의를 제공하는 것이 분명하다. 하지만 이러한 상황에 의한 인간의 퇴보를 우려하는 시각도 있는데, 이를 탈숙련(De-skill)이라고 부르며 인간 자체의 정신을 데이터로 삼는다는 측면에서 인간의 마음에 대한 해킹이라고 표현하기도 한다. 그리고 이러한 탈숙련이 인간을 지금과 다른 존재인 진보된 변화로 이끌 것인지, 혹은 퇴보하게 할 것인지에 대해서는 아직 예측하기 힘들다.

## 인공지능과 장애

앞선 두 사례와 달리 인공지능을 통한 가능성의 영역도 있다. 특히 인공지능의 패턴 인식 능력의 탁월함을 어떤 사회적 어려움과 연결할지에 따라 놀라운 가능성을 만들 수도 있다.

이미 잘 알려진 바와 같이 인공지능은 패턴화된 정보에 대해 인간보다 탁월한 인식 능력을 보여 준다. 이러한 인공지능의 패턴 인식 능력을 기존의 표준화된 인간의 언어가 아닌 음성과 결합하면 어떤 일이 가능할까? 우리 집 반려견이나 반려묘의 소리를 통역할 수는 없을까? 실제로 그러한 시도를 한 과학적 연구가 있고, 이미 상용화된 기술로 출시도 되어 있다. 미야오톡(MeowTalk)과 같은 앱이 바로 그러한 사례다. 비록 인간이 직접 해석할 수는 없지만 동물도 패턴화된 소리를 낸다. 그런데 그러한 패턴을 동물의 행동 정보와 연결해 해석할 수 있다면 사실상 통역이 가능해지는 것이다.

이는 인간의 언어 장애 문제와도 연결할 수 있다. 발달장애인의 언어는 조음 기관 문제로 계속해서 상호작용하는 가족이 아니면 이해하기 어려운 경우가 많다. 그런데 개인화된 인공지능 장치를 통해 발달장애인 사용자의 언어 패턴을 인식하고 이를 좀 더 또렷한 음성으로 번역할 수 있다면? 해당 장애인의 사회적 삶을 위한 중요한 혁신 도구가 될 수 있다. 즉, 인간의 오감과 지각 한계 밖의 다양한 상황을 인공지능을 통해 새롭게 해석하고 탐색하는 것 역시 가능해지는 것이고, 이것이 인공지능 시대 학습자의 새로운 가능성 중 하나가 될 것이다.

## 참고문헌

김진우(2017.6.12). '반려 로봇'의 장례식, 기술이 마음을 얻은 풍경. 경향신문.
https://www.khan.co.kr/world/japan/article/201706121600001

미아오톡 홈페이지.
https://www.meowtalk.app/

티타임즈TV. 나의 분신 AI에이전트가 나 대신 소통하는 시대 온다 (뤼튼 이세영 대표).
https://www.youtube.com/watch?v=SYG-zG3o4fQ

Wikipedia. Apple Intelligence.
https://en.wikipedia.org/wiki/Apple_Intelligence

Wikipedia. ELIZA effect.
https://en.wikipedia.org/wiki/ELIZA_effect

**설동준**

한양대학교 교육공학과에서 학생들을 가르치고 있고, 인천에서 기독교대안학교 담빛학교를 설립해서 운영 중이다. 기본적으로 멀티잡으로 살고 있지만 주 직업 정체성은 문화예술 분야 기획자 겸 연구자다. 문화예술 영역에서는 지능정보사회와 문화예술의 관계에 관심을 두는 기획자의 느슨한 네트워크를 지향하는 ㈜프로젝트 퍼플비의 공동대표를 맡고 있다. 서울대 원자핵공학과에서 학사 졸업 후 15년 정도 음악단체와 음악 페스티벌 조직위원회에서 기획과 경영을 담당했다. 그 와중에 30대 중반에 갑자기 다시 공부가 하고 싶어서 한양대 교육공학과에 진학해 석사를 마치고 박사 수료 후 박사 논문을 집필 중이다. 석사 학위 논문은 "행위자네트워크이론과 체화된 인지 이론으로 본 인공지능 시대의 지식과 학습의 개념에 대한 탐구"(2018)이고, 기술 변화와 교육의 관계에 대한 관심으로 "4차 산업혁명 시대의 교수학습 양상에 대한 탐색적 연구 – 미디어의 속성변화에 대한 통시적 관점을 중심으로"(2018), "행위자네트워크이론에 기반한 지식생태학의 개념적 확장"(2022) 등에 공저자로 참여했다. 현재는 문화예술 분야에서 기술과 예술의 관계에 주목하는 아트&테크 분야의 정책 연구에 관심을 두고 있으며 인문사회학의 시선에서 비판적으로 인공지능 현상을 연구하는 캣츠랩의 연구위원으로 관련 연구자와 교류하며 공부 중이다.